Analogia do Dissimilar

Coleção Debates
Dirigida por J. Guinsburg

Equipe de Realização – Revisão: Irene A. Machado; Produção: Ricardo W. Neves e Raquel Fernandes Abranches.

irene a. machado
ANALOGIA DO DISSIMILAR

BAKHTIN E O FORMALISMO RUSSO

 PERSPECTIVA

Dados Internacionais de Catalogação na Publicação (CIP)
(Câmara Brasileira do Livro, SP, Brasil)

Machado, Irene A.
　　Analogia do Dissimilar / Irene A. Machado. —
São Paulo : Perspectiva, 2011. — (Debates ; 226 / dirigida
por J. Guinsburg)

　　1ª reimpr. da 1. ed. de 1989
　　Bibliografia
　　ISBN 978-85-273-0022-3

　　1. Construtivismo (Arte) – União Soviética
　　2. Formalismo (Análise literária) – União Soviética
　　3. Semiótica e artes. I. Título. II. Série.

89-1808　　　　　　　　　　　　　　　　　　CDD-891.709
　　　　　　　　　　　　　　　　　　　　　　　　-701.48
　　　　　　　　　　　　　　　　　　　　　　　　-701.47

Índices para catálogo sistemático:
1. Construtivismo russo : Artes 709.47
2. Formalismo : Literatura russa : História e crítica 891.709
3. Semiótica da arte 701.48

1ª edição – 1ª reimpressão

Direitos reservados à
EDITORA PERSPECTIVA S.A.

Av. Brigadeiro Luís Antônio, 3025
01401-000 – São Paulo – SP – Brasil
Telefax: (0--11) 3885-8388
www.editoraperspectiva.com.br

2011

SUMÁRIO

Apresentação – Boris Schnaiderman 13
1. O Formalismo Russo: das Contradições Periféricas à Questão Fundamental 17
2. Desdobramento da Radicalidade Formalista 31
3. A Ilusão da Narrativa Oral: Enfoque Lingüístico e Metalingüístico 43
4. O Autor e o Outro: Presença e Ausência de I. Tinianov 49
5. Diálogo e Polêmica. Estranhamento e Carnavalização . 63
6. Historicidade e Dialeticidade das Formas Composicionais 83
7. Por um *Epos* Moderno, Ativo e Tendencioso: a Desconstrução do Épico em *Mistério-Bufo* de Maiakóvski . 95
8. A Estética Idealista Contra a Estética Material 117
9. Literariedade e Cinematicidade. Dialogia e Discurso Interior 143
10. Imagem e Palavra: o Movimento Dialógico das Metáforas Fotopoéticas 173
Bibliografia 201

Índice 209

AGRADECIMENTOS

A produção deste trabalho só foi possível com a colaboração dos amigos-professores, que me socorreram em vários momentos e a quem registro aqui meu reconhecimento.

Agradeço a Boris Schnaiderman pela dedicação, prontidão, paciência na leitura e na elaboração das sugestões e, principalmente, pela revisão das traduções diretas do russo; a Lucia Santaella pela contribuição teórica enriquecedora que me proporcionou com sua leitura crítica; a Jerusa Pires Ferreira que faço representar a comissão julgadora do II Concurso de Teses Universitárias no Campo das Ciências Humanas, promovido pela Secretaria da Cultura do Estado de São Paulo em 1986; a Arlindo Machado pela presença marcante em todos os momentos; e, particularmente, ao poeta-mestre HAROLDO DE CAMPOS a quem dedico este livro em reconhecimento pela total dedicação, estímulo e atualização bibliográfica durante a orientação da dissertação de mestrado. Sem esta cooperação mútua, um trabalho sobre o "dialogismo" jamais conseguiria sair dos estreitos limites da postulação teórica.

APRESENTAÇÃO

Tendo conhecido este livro ainda em forma de dissertação de Mestrado, pude relê-lo depois de transformado em livro, sempre com a satisfação que nos dá um trabalho bem realizado: temos aqui todo um conjunto de reflexões na base de materiais russos estudados minuciosamente e com espírito criativo, com uma tendência evidente para a especulação teórica.

Imagino as dificuldades que a autora deve ter enfrentado para reunir o vasto material utilizado. Não tendo podido viajar ao exterior, a não ser uma breve permanência nos Estados Unidos (na verdade, apenas dez dias, o que significa pouquíssimo em termos de pesquisa), seu trabalho concentrou-se basicamente nos parcos livros e revistas de nossas bibliotecas e naquilo que se conseguia adquirir nas livrarias. E, no entanto, graças ao empenho e à criatividade com que se lançou ao trabalho, o resultado é surpreendente, mesmo para quem já teve ocasião de fazer pesquisas em centros muito mais equipados. O nosso mundo de escassez obriga às vezes a prodígios de criatividade, e este livro nos mostra que esses momentos privilegiados existem.

Embora tenha conhecimentos da língua russa, foram poucos os materiais no original que utilizou, pois nos anos passados era bem difícil, em nosso país, o acesso a fontes teóricas russas. Por conseguinte, seu livro é principalmente uma reflexão pessoal na base de textos que existem em línguas ocidentais.

Partindo de um jogo evidente com o título de um livro de Víctor Chklóvski, *A Corda do Arco – Sobre a Dessemelhança do Semelhante (Tietivá – o nieskhódstie skhódnovo)* (cf. bibliografia deste volume) Irene Machado percorre o caminho inverso e busca a "analogia do dissimilar" em correntes artísticas e críticas da modernidade russa. Frisando a importância de se estudar a contribuição teórica russa em relação à produção artística do mesmo período, ela passa das considerações teóricas à prática analítica.

Preocupando-se bastante com as relações entre o Cubo-Futurismo russo e o Círculo de Bakhtin, a comparação entre as posições de ambos é dada, não apenas na base das afirmações de um e outro grupo, mas também pela análise do *Mistério-Bufo* de Maiakóvski, à luz das concepções bakhtinianas sobre a sátira menipéia e de elementos assimilados da outra corrente. E esta análise acaba mostrando como se torna fecundo partir do estudo de posições diferentes, na busca de elementos comuns.

A leitura que ela faz do poema dramático de Maiakóvski é, a meu ver, realmente original. Se o poeta afirmou sobre essa obra tratar-se de uma "representação épica, heróica e satírica de nossa época", conforme citação da autora, esta acrescenta que "o texto acaba realizando uma desconstrução do épico e de toda a tradição que o sustenta", afirmação baseada em seu trabalho de análise.

A teoria dos gêneros é vista, no livro, de modo flexível, moderno e com uma evidente preocupação intersemiótica. Particularmente, a relação entre os trabalhos teóricos daquela época e o cinema é tratada de modo abrangente. E esta preocupação intersemiótica se torna ainda mais evidente, aparece de modo mais incisivo, na base da análise das fotomontagens de Aleksandr Ródtchenko para o poema *Sobre Isto (Pro eto)* de Maiakóvski.

Depois de um trabalho analítico tão bem feito, fica-se lamentando a falta, em português, de uma tradução criativa do poema. Mas, quando alguém procurar realizá-la na íntegra[1], certamente há de utilizar o acervo de reflexões que a autora nos apresenta sobre esse texto.

---

1. Um trecho já foi traduzido por Augusto de Campos e outro por Haroldo de Campos em colaboração comigo. Cf. Augusto e Haroldo de Campos e Boris Schnaiderman, *Poesia Russa Moderna – Nova Antologia*, Editora Brasiliense, 1985, São Paulo.

O seu trabalho abre também outras pistas, aponta para caminhos ainda inexplorados, sugere novas pesquisas. Em suma: temos aqui um livro fecundo, que permite novas iniciativas de desbravamento no campo tão rico do estudo das vanguardas russas e de suas implicações teóricas.

Boris Schnaiderman

1. O FORMALISMO RUSSO: DAS CONTRADIÇÕES PERIFÉRICAS À QUESTÃO FUNDAMENTAL

> *Em primeiro lugar, é preciso que fique bem claro que não existe nenhum método formal. É difícil saber a quem se deve tal denominação, mas certamente esta não foi uma descoberta das mais felizes. Talvez este epíteto seja conveniente enquanto slogan simplificador de uma luta; entretanto, enquanto termo objetivo, destinado a cobrir toda a atividade da Associação para o Estudo da Linguagem Poética (OPOIAZ)[1] e da Seção Lingüística do Instituto de História da Arte, provou ser inadequado. A alcunha em si é sempre algo secundário, porém, se atrai mal-entendidos e controvérsias, faz-se necessário um exame mais sério.*

1. OPOIAZ - Óbchchestvo po izutchéniu poetítcheskovo iaziká (Associação para o Estudo da Linguagem Poética), centro das pesquisas "formalistas" fundado em 1914 por jovens filólogos, discípulos de Baudouin de Courtenay na Universidade de Moscou. Teve suas atividades encerradas em 1923.

> *Não se trata de métodos de ensino de literatura, mas sim de princípios de formação de uma ciência da literatura, de seu conteúdo, do objeto fundamental de seu estudo, dos problemas em função dos quais ela se organiza como ciência particular.*
>
> *Parece evidente que uma ciência da literatura, na medida em que não se constitui somente numa parte da História da Cultura, deve ser uma ciência independente e específica, que possua um domínio próprio dos problemas concretos.*
>
> (B. Eikhenbaum, "Les 'formalistes' en question", Pietchat i Revolutsia *[Imprensa e Revolução]*, nº 5, 1924.)[2]

Desde que os primeiros ensaios privilegiadores da *forma* enquanto princípio organizador do fenômeno artístico começaram a se impor no terreno da especulação crítico-teórica do início do século, os chamados formalistas russos se viram atacados naquilo que consideravam a estratégia elementar de sua atividade crítica: a tarefa de "especificadores" do objeto artístico-literário. A partir de então muitas querelas terminológicas começaram a ocupar o espaço das discussões sobre o caráter diferenciador da nova proposição teórica e suas formulações essenciais. Dizer que a *matéria* do discurso literário se constituía em fonte geradora de novas formas no processo da evolução, possuindo, portanto, um movimento próprio, era realmente um fulminante bombardeio sobre o conjunto axiológico de base historicista habituado a focalizar as diferentes categorias da cultura apenas em sua ligação de causa-efeito.

A primeira questão que os formalistas-especificadores trataram de esclarecer de saída referia-se ao caráter e natureza de suas investigações. As formulações nesse sentido – elaboradas principalmente por B. Eikhenbaum e V. Jirmunski, os porta-vozes de toda uma reflexão sistematizada dos principais conceitos formalistas – apresentam o Formalismo Russo como um conjunto teórico voltado para a delimitação do objeto da ciência

---

2. *Imprensa e Revolução* foi uma revista literária de grande influência nos anos 20. Representava a linha marxista próxima aos meios oficiais da época. Os artigos desta revista, inclusive o texto de Eikhenbaum citado, publicados numa edição especial consagrada ao Formalismo Russo, foram traduzidos e reunidos por Gerard Conio no volume *Le Formalisme et le Futurisme russes devant le Marxisme*, Lausanne, L'Age d'Homme, 1975, 234 p. O trecho citado encontra-se nas páginas 22 e 23 deste volume.

literária a partir do próprio "modo de formar" (Eco) a linguagem, onde os elementos literários são entendidos, principalmente, como fenômenos materiais e concretos. Se para um pensamento teórico-filosófico o exame desta questão desemboca na consolidação de um método de abordagem, para os formalistas russos o problema do método foi descartado *a priori*: "O chamado *Método Formal* não resulta da constituição de um sistema 'metodológico' particular, mas dos esforços para a criação de uma ciência autônoma e concreta", é o que afirma Eikhenbaum ao tentar delimitar a área que a preocupação metodológica ocupa na teoria formalista, uma vez que a noção de *método* parecia-lhe corresponder a um campo lexical muito amplo, o que contraditava o princípio da especificação.

> Para os formalistas o essencial não é o problema do método nos estudos literários, mas o da literatura enquanto objeto de estudo. Realmente, não falamos nem discutimos sobre nenhuma metodologia. Falamos e podemos falar de alguns princípios que nos foram sugeridos a partir da matéria concreta e de suas particularidades específicas, e não por este ou aquele sistema completo, metodológico ou estético [35:3-4][3].

Com isso os formalistas decretam a inexistência de um "método formal"; a questão metodológica ocuparia uma posição secundária no conjunto de suas investigações, devendo ser considerada única e exclusivamente sob a tutela dos referidos princípios concretos, sobretudo levando-se em conta que "os métodos de estudo da forma podem ser muito variados e ter um só princípio em função dos temas, dos materiais, do modo de se colocar o problema" [37:24].

A falta de metodologia foi o estopim das críticas que se desencadearam contra o Formalismo. Os críticos entenderam que o fato de os formalistas não se ocuparem da elaboração de um sistema metodológico de análise literária significava, consequentemente, falta de método no enfrentamento crítico de seu objeto. Malgrado as controvérsias ainda hoje existentes sobre o

---

3. V. Jirmunski endossa este ponto de vista afirmando: "seria por princípio mais correto falar, não sobre um novo método, mas sim sobre novas tarefas de pesquisa, sobre um novo círculo de *problemas* científicos" [64:57]. Por outro lado, "Como bem repara Todorov, essa recusa de premissas filosóficas e generalizações metodológicas não pode deixar de ser algo surpreendente, quando parte de estudiosos que, embora negando valor autônomo a seu método, elaboram na realidade uma das mais bem travadas doutrinas metodológicas no campo da teoria da literatura" [23:15].

assunto, mesmo depois do muito que já foi discutido, e considerando a postura formalista uma posição puramente estratégica, inarredável quando do início de suas pesquisas, reservamos esta parte inicial de nosso estudo para o exame de algumas colocações alinhavadas em torno a este problema. O palco de todo este debate foi, indiscutivelmente, o periódico *Imprensa e Revolução*, um porta-voz da crítica sociológica oficial que se declarava contrário às proposições formalistas.

Eikhenbaum reconhece que o Formalismo Russo não teve nem tem doutrina ou sistema completos. A teoria é algo que se vai construindo a partir de hipóteses auxiliares do trabalho de compreensão dos fatos literários. Através destas hipóteses, se estabelecem princípios concretos que são utilizados tão logo se abra um campo de possibilidade de aplicação. Caso a matéria onde se aplica a teoria exija alterações dos princípios, estas serão feitas obedecendo-se às exigências do momento.

> Nesse sentido [esclarece Eikhenbaum] somos suficientemente livres a propósito de nossas teorias; toda ciência deve ser assim na medida em que há uma diferença entre teoria e convicção. Só existe ciência enquanto se vive e se superam erros, e não enquanto se estabelecem verdades [35:4].

Esta maleabilidade das proposições do corpo teórico seria inexoravelmente atacada pelos que não entenderam que

> antes de terem criado uma teoria acabada (ciência feita), um método rígido, os formalistas pretendiam simplesmente ter elaborado um suporte teórico operacional, sensível às cambiâncias da prática [23:13].

Um aspecto impõe-se como fundamental, portanto, para a compreensão da teoria formalista: sua ligação com uma práxis poética – especificamente, com a poesia futurista – responsável por este caráter de *work in progress* da sistemática teórica. Ao mesmo tempo, esse vínculo favorece a determinação precisa do objeto de suas investigações: a pesquisa formalista está voltada para a matéria verbal concreta, não a confundindo com nenhum outro elemento da produção artístico-cultural.

> De fato, o fulcro de interesses dos chamados formalistas era o produto em si mesmo, não sua gênese extraliterária (biográfico-ambiental, psicológica etc.). Procuravam explicar a fabricação técnica da obra literária, em lugar de incrementar uma suposta mística da criação. Assim formularam uma teoria da obra literária como um produto verbal cujo material é a linguagem [23:14].

E este entrosamento entre princípio e práxis poética, um conseqüente centramento na materialidade da linguagem, é que foi decodificado pela crítica adversa como fator responsável pela ausência de metodologia, visto prescindir das relações extra-estruturais. Estava claro para os formalistas que de nada adiantaria arrolar métodos para o estudo da literatura sem antes conhecer com exatidão o objeto a se considerar. Eikhenbaum chega mesmo a denunciar "a posição daqueles (sobretudo os epígonos) que queriam converter o método formal em algo dogmático, em um sistema inflexível" [23:14], caso não apenas dos referidos epígonos, mas das simplificações polêmicas levadas a efeito pelos adversários, representantes da crítica sociológica, como teremos oportunidade de referir.

A designação "Método Formal" deve ser entendida numa peculiaridade típica de acepção na teoria formalista. Eikhenbaum só considera legítimo o emprego da palavra "método" quando este se refere à "explicação" de um texto, de um verso, de um autor ou de uma época. Mas não admite que se fale em métodos biográficos, sociais, estéticos, pois estes não são métodos e sim diferentes pontos de vista sobre a ciência. Daí considerar a alcunha "Método Formal" tão desprovida de sentido quanto a "absurda" expressão "Método Materialista Histórico" [37:39]. Este detalhamento na acepção do termo não deve ser visto aqui como sinônimo da necessidade que tem o especificador de precisar o campo lexical dos conceitos empregados. Trata-se de uma concepção de índole ideológica: o Formalismo não se propôs em nenhum momento "explicar" o fenômeno literário conferindo-lhe uma dimensão histórica; a preocupação sempre foi descobrir-lhe o corpo. Mas vamos por partes.

De acordo com a exposição de Eikhenbaum, pode-se inferir que a "especificação" foi o mais autêntico "método" de análise decorrente do princípio da linguagem poética. Foi a responsável pela ruptura da linguagem para a projeção de seu objeto – a linguagem poética, a palavra em seu uso artístico (*slovesnost*). Conseqüentemente, foi como especificadores que os formalistas passaram a distinguir a "linguagem poética" da "linguagem prática". Esta distinção foi, segundo W.-D. Stempel, um meio de estabelecer contrastes entre os diversos *usos* da linguagem. O termo *prático* chegou aos formalistas via Potebniá, recebendo um novo enfoque: enquanto para Potebniá *prático* era designativo da linguagem normativa, da linguagem padrão, para os formalistas *prático* significava "todo enunciado de um discurso que tem como alvo principal comunicar o conteúdo extralingüístico". Em contraposição, "a linguagem poética poderia ser definida como um enunciado que se orientaria para a expressão (*viskázivanie s ustanóvkoi na virajênie*)" – memorável tese de Jakobson – "na qual a comunicação objetiva ficaria em segundo plano" [110:181-2][4]. Esta orientação para a expressão fonético-morfológica pôs em pauta de discussão o princípio da linguagem poética por esbarrar na controversa noção de linguagem como entidade independente das determinações ideológicas[5]. Realmente, o Formalismo surge com a proposta de autonomia para os estudos *literários*. Entretanto a autoridade atribuída ao material e ao procedimento que organizam a expressão lingüística não implicava desvalorização do significado, instância em que se acredita processar a dimensão ideológica da obra. Para os formalistas as relações de sentido não ocupavam o primeiro plano na análise, visto estarem imbricadas na expressão estrutural, "formal" como querem os críticos. Fundamental nesse caso é a recorrência à fenomenologia husserliana que, tal como o Formalismo, negou poder ao psicologismo e ao sociologismo nas formulações científicas. De acordo com Husserl, os fenômenos espirituais, isto é, não materiais, têm uma existência própria, independente. Um estudo desses fenômenos exige um adentramento

---

4. É importante lembrar aqui os estudos desenvolvidos pelo formalista L.P. Iakubínski sobre a diferenciação entre linguagem prática e linguagem poética (em "O dialoguitcheskoi rétchi" – "Sobre o discurso dialogado" – Russkaia retch I, Praga, 1923; e "Sklonênie odinákovitch plávnikh v praktitheskom i poetítcheskom iazikakh" – "Sobre a freqüência de líqüidas semelhantes na linguagem prática e na linguagem poética" – Poética, Praga, 1919). Nesses estudos, Iakubínski "propõe classificar as manifestações da linguagem segundo a finalidade para a qual o indivíduo que fala utiliza um determinado material, e distingue entre sistema da linguagem prática no qual as representações verbais (sons, morfemas e outros) não possuem valor próprio, mas são apenas meios de comunicação; e o sistema da linguagem poética, em que a finalidade prática passa a segundo plano e as interligações verbais adquirem valor intrínseco" [63:196]. Iakubínski recorre também ao caráter diferenciador do aspecto sonoro na linguagem poética, mostrando que a ausência da lei de dissimilação das líqüidas e a tolerância de uma acumulação de sons semelhantes, difíceis de pronunciar, opõe as leis da linguagem poética às da linguagem prática Continuando este conceito, Chklóvski lembra que "Uma das primeiras indicações efetivas sobre a não-coincidência das duas línguas nos vem da revelação de que a língua poética japonesa possui sons que não existem no japonês falado" [25:43].

5. Trotski [122] considera a proposta de autonomia um reflexo da influência do pensamento neokantiano. K. Pomorska (93:24-25) esclarece como os acólitos alemães desta corrente filosófica (W. Dilthey, W. Wil-

na sua essência, uma manifestação de pura forma do fenômeno [93:25]. Em se tratando dos estudos literários, vale dizer que

> todas as formas de expressão, incluindo a linguagem, devem ser tratadas não como um produto ou sintoma sensorial do processo psicológico, mas como realidade própria, como objeto *sui generis*, que requer uma descrição estrutural [48:62].

Os formalistas acreditavam que a busca do significado havia condenado os estudos da literatura a uma dependência interpretativa via outras áreas do conhecimento, afastando-os cada vez mais deste objeto de que fala Husserl. Na verdade, segundo a concepção husserliana, o significado não é um elemento da realidade extralingüística, mas um componente do signo verbal. O referente ou objeto (*Gegenstand*) seria o fenômeno não-verbal denotado pela palavra, e o significado (*Bedeutung*), a forma como este objeto é apresentado [48:185]. A tarefa do crítico seria, então, desvendar o significado "intersubjetivo" da enunciação e seus componentes, sem o quê seria impossível determinar o propósito específico dos vários tipos de expressão lingüística[6].

Seria um despropósito falar que o Formalismo rompeu com o significado. O que aconteceu de fato foi a desconsideração da busca deste significado através da interpretação orientada para o referente, seja pela psicologia ou pela sociologia. O significado deveria advir da própria forma de elaboração do material, ou seja, do procedimento, concepção que aponta para as atividades que tomam o procedimento como a instância onde se processa a dimensão ideológica da linguagem, caso do cinema eisensteiniano, do teatro de Meyerhold, da poesia de Maiakóvski, da fotografia de Ródtchenko, enfim, de todo o Construtivismo Russo

---

debrand e H. Richert) se manifestaram com relação à singularidade dos fenômenos históricos (fenômenos ideográficos, segundo Dilthey).

6. O caráter "intersubjetivo" da linguagem é fundamental na formulação husserliana, que considera a linguagem um fenômeno da interação entre os indivíduos que a falam. A busca de uma interpretação da produção lingüística à luz do psicologismo individual acaba confundindo os atos empíricos, que o sujeito realiza para alcançar uma idéia, com a própria idéia, que é, na verdade, um conteúdo ou significado não dependente dos atos empíricos do sujeito que procura alcançá-la. Na fenomenologia husserliana esta confusão equivale a tomar indistintamente *noesis* por *noema*, ou seja, os atos pelos quais a consciência visa um certo objeto de uma certa maneira e o conteúdo ou significado desse objeto visado [56 e 57].

contemporâneo ao Formalismo. O problema todo se deve ao fato de os primeiros estudos formalistas não terem incluído em suas formulações teóricas as relações de significação. Somente no final dos anos 20, I. Tinianov – que assinara em 1928 juntamente com Jakobson as teses sobre "Os problemas dos estudos literários e lingüísticos", onde está manifesto o vínculo da série literária com as séries sociais – toma para si a tarefa de acionar o nível da significação da expressão poética, questão esboçada em seus estudos sobre a função construtiva da linguagem [113 e 115].

Todas essas formulações soam na ala da crítica literária do Partido (na qual se enfileiravam os críticos sociológicos que rastreavam os passos de A. V. Lunatcharski e L. Trotski), como formulações reacionárias da mentalidade burguesa decadente. Ouçamos o que Lunatcharski tinha a dizer sobre a questão da ideologia da obra de arte:

> Diremos que a arte é ideológica quando ela se manifestar como fruto de uma emoção forte que impulsiona involuntariamente o artista à expansão, à conquista das almas, a propagar as dominantes de seu poder sobre elas. "(...) a arte formal é essencialmente organização das formas de existência". O fato é que a forma de uma obra de arte, quer dizer, o modo de combinar os elementos desta obra, se funda sobre as particularidades psicofisiológicas de nossa percepção, que têm suas raízes em parte na estrutura e no funcionamento dos órgãos de nossa sensibilidade, e em parte na tendência própria ao nosso aparelho central de percepção [74:48].

Ou seja, o mecanismo criador da obra de arte é inconcebível fora dos estreitos limites que o psicologismo individual lhe reserva. O que nos obriga a admitir que a "mística da criação" ou da "emoção" conquistadora de almas é a postura dominante na crítica sociológica antiformalista.

Ao eliminar a questão metodológica através da negação do "Método Formal", os formalistas estavam buscando a "convergência entre o objeto e o método" que a especificação elaborava. Tornou-se imperativa a necessidade de transcender a obra para poder captá-la, pois somente "quando se tem consciência de que há uma diferença entre o objeto e aquilo que do objeto foi apreendido por um método é que se começa a dar volta por cima da poeira metodológica". A especificação se instala como a grande força nutriz do princípio da linguagem poética (podendo ser considerada como seu método), exatamente por deixar bem clara a diferença que existe entre o simulacro do objeto, que o método teórico utilizado demonstra, e o próprio objeto[7].

---

7. As citações são de F.R. Kothe [65:18-19]. É oportuno que se es-

Por outro lado, o repúdio formalista às formulações metodológicas não deixa de ter um caráter ideológico preciso. A preocupação com o método implicaria a inclusão, no percurso analítico, de uma categoria abominada pela escola, a consideração genética. No entender de um dos representantes da crítica sociológica P. N. Sakuline, que tentava a conciliação entre os estudos das formas e estilos com a abordagem sociológica,

um método é um conjunto de procedimentos da pesquisa científica que são fundamentados sobre *princípios definidos, decorrentes da natureza do objeto de estudo* e, por conseguinte, dos propósitos da pesquisa. Devem-se classificar os métodos após a classificação de seus objetivos, tendo-se neste ínterim uma concepção única da *natureza do objeto* [98:39] (os grifos são nossos).

Apesar da concordância quanto à subordinação do método ao princípio, o crítico submete a origem do princípio à natureza do objeto, postura condizente com a sistemática de sua escola. Qual seria a origem dos princípios formalistas? Segundo Eikhenbaum [35:3-4], os princípios formalistas são sugeridos pela matéria concreta criada pelo artista. Não têm vínculos nenhuns com qualquer categoria extra-objeto, seja ela genética, estética ou histórica. Os princípios formalistas são válidos por si sós; existem para edificar uma ciência literária autônoma, não têm "antes" nem "depois". Já

o método sociológico de crítica literária supõe a elaboração especial de certos problemas em sua aplicação às particularidades específicas da literatura, e sobretudo em sua distinção cuidadosa dos momentos que surgem da causalidade e aqueles que surgem da evolução no desenvolvimento dialético dos fenômenos [98:40],

o que explica a sua existência enquanto método.

A radicalidade com que os formalistas colocaram o problema da autonomia do fenômeno literário não deve ser considerada como mera formulação idealista e reacionária, livre de toda determinação histórica, como declaram Trotski e Lunatcharski, representantes oficiais do partido na crítica literária. Há que se compreender que, até o surgimento das pesquisas formalistas, os estudos literários correspondiam a um vasto "território colonial" (Tinianov) habitado por variadas tendências, menos pelo seu objeto. Os formalistas foram os grandes

clareça que Kothe refere-se ao Formalismo Russo com certas reservas, embora lhe reconheça alguns méritos.

desbravadores deste território ao desvendar a concretude de seu objeto, e esta forma de abordagem – este "método" – foi condicionado pelo momento da História russa que escreveu o Formalismo. Daí a relevância do princípio, a subordinação do método e o conseqüente choque com a crítica sociológica, que considerou o Formalismo um adversário do Marxismo na Rússia dos anos 20.

O momento histórico em que floresceu o Formalismo propiciou a irradiação de mal-entendidos. Se por um lado se conclamava a atividade prática a se voltar para o material, para a construção – neste sentido a ânsia formalista de se debruçar sobre a matéria-prima da linguagem não seria mais do que um condicionamento histórico da Rússia pré e pós-revolucionária – por outro, se propagava a noção de arte como um fenômeno socialmente subsidiário e historicamente utilitário [122:113]. Quando os formalistas apontavam as propriedades específicas da produção literária, da forma radical como o fizeram, estavam tão-somente tentando delimitar o campo de ação de uma atividade potencialmente diferencial em relação à atividade sóciomaterial, fato que a crítica sociológica ignorava, postulando a adoção dos mesmos critérios tanto para a análise dos fenômenos da produção material quanto da produção simbólica.

Eikhenbaum nunca acreditou que se pudesse opor Formalismo ao Marxismo, como o fez Trotski em seu estudo (122:109-124). "O Formalismo é o sistema de uma ciência particular e o Marxismo uma doutrina de Filosofia da História" [37:32]. Chega a admitir, entretanto, um elo de aproximação entre os dois sistemas teóricos, uma vez que ambos se valem da evolução para o exame dos fenômenos específicos.

Em seus estudos políticos, [declara Eikhenbaum], os marxistas consideram a evolução e não a gênese, justamente porque, como nós, eles colocam num segundo plano os indivíduos e as contingências individuais. Este é o nosso ponto de contato orgânico [37:33][8].

Em outras palavras: a preocupação com o estudo imanente da obra não exclui, necessariamente, a idéia de historicidade, assim como sincronia não é sinônimo de estatismo.

---

8. Outros pontos poderiam ser apontados como aproximativos entre as duas correntes: ambas cumprem a mesma trajetória na análise do objeto, partindo do particular para o geral, além de surgirem como especificadores trabalhando contra um ambiente eclético e acadêmico.

Roman Jakobson, refutando aqueles que criticam a ausência de historicidade nas análises estruturais de Lévi-Strauss, salienta que as críticas que se faziam aos *formalistas russos* diziam respeito, no fundo, ao excesso de historicidade destes últimos, que não tomariam em consideração justamente os *valores eternos*, o *valor abstrato* da arte, vendo-a apenas como *novidade*, como *luta das novas formas contra as velhas* [21:216].

Para Eikhenbaum, o Formalismo não se opõe ao Marxismo enquanto doutrina, mas se coloca radicalmente contrário aos críticos e teóricos marxistas que se contentam em transpor mecanicamente os problemas econômicos e sociais para o domínio das artes, negando a autonomia e o dinamismo interno da obra, o que em útima análise significa renunciar à evolução em favor da gênese. "Mostrar a gênese significa constatar o elo que existe entre os fenômenos e não o determinismo que os explica" [37:32][9]. Nesse sentido parece claro aos formalistas que a abordagem à luz do Materialismo Histórico, tal como era praticada pelos críticos da escola sociológica, tornava-se incapaz de proporcionar um critério de avaliação do fenômeno artístico, visto não ser o campo de competência marxista o do juízo estético, mas o da explicação causal[10]. Isto de acordo com a limitada visão historicista preconizada por Trotski, porque, numa visada mais ampla, o Formalismo se encontraria com o Marxismo no momento em que resolvesse o problema da ideologia das formas de produção da expressão literária, uma etapa eminentemente posterior à consolidação do princípio da linguagem poética.

O próprio Engels parece corroborar esta concepção de Eikhenbaum, ao declarar que, "de acordo com a concepção materialista da história, o fator determinante na história é, em última instância, a produção e a reprodução da vida real", mas os diversos ramos da produção ideológica têm o seu momento de independência no curso da história. Esta nos parece uma crítica aos seguidores do marxismo que o entenderam esquematicamente e submeteram ao fator econômico toda a espécie de produção humana. Engels esclarece que o rigor do princípio é apenas uma tática preliminar de atacar uma questão complexa.

---

9. Talvez a afirmativa de Marx esclareça melhor a colocação de Eikhenbaum: "O método que consiste em elevar-se do abstrato para o concreto *não é senão a maneira de proceder do pensamento* para se apropriar do concreto, para reproduzi-lo como concreto pensado. Mas este *não é* de modo algum o proceso de gênese do próprio concreto" [84:116].

10. Trotski admite que "Uma obra de arte deve ser julgada, em primeiro lugar, segundo suas próprias leis, ou seja, segundo as leis da arte.

Diante de nossos adversários [adverte o ideólogo marxista] tínhamos de acentuar o princípio essencial, negado por eles – a determinação do fator econômico sobre os fenômenos reais históricos – e, então, nem sempre tivemos tempo, nem lugar, nem ocasião de fazer justiça aos outros fatores que participam da ação recíproca [81:417].

Por isso, comentando as tarefas da crítica marxista, afirma que sempre houve um privilegiamento do conteúdo em prejuízo do aspecto formal das concepções. Confessa:

este aspecto da questão que aqui apenas posso aflorar, nós todos o negligenciamos, penso eu, mais do que ele merecia. É a velha história; no começo, negligencia-se sempre a forma pelo fundo. Como já disse, eu também sou culpado e a culpa me aparece, invariavelmente, *post festum*. É essa a razão pela qual, não somente estou muito longe de acusar quem quer que seja, sendo um antigo cúmplice não qualificado para fazê-lo – ao contrário – mas pelo menos queria chamar sua atenção sobre este ponto para o futuro. A isto se liga igualmente essa estúpida idéia dos ideólogos: como negamos às diversas esferas ideológicas que desempenham um papel na história um desenvolvimento histórico independente, negamos-lhes também toda *eficácia histórica*. A base de tudo isto é a concepção banal, não dialética, de causa e efeito de pólos rigidamente opostos, uma total desconsideração pela interação. Estes senhores esquecem-se, quase sempre deliberadamente, de que um elemento histórico é criado por outros, em última instância por causas econômicas, mas isto não o impede de reagir, podendo exercer uma ação sobre seu meio e mesmo sobre suas próprias causas [81:460].

A autocrítica de Engels, na verdade, nos é favorável no sentido de legitimar o pensamento do Eikhenbaum sobre a falta de fundamentação científica da oposição frontal entre Marxismo e Formalismo. Torna inadmissível, por outro lado, que situemos o Formalismo como uma concepção histórica surgida com o propósito de superação das insuficiências do Marxismo, pelo menos no que diz respeito à valorização da forma em sua relação com o conteúdo.

Se o anti-historicismo (imposto pelo próprio contexto em que se desenvolveu o Formalismo) não permitiu à crítica for-

---

Mas só o Marxismo é capaz de explicar por que e como uma determinada tendência artística foi produzida num momento histórico concreto; em outras palavras: *o que é que faz uma forma artística necessária e por quê*" [122:120]. (os grifos são nossos). Parece-nos que Trotski conseguiu formular a questão central a ser resolvida pela crítica interessada na discussão da obra enquanto articulação de formas/sentido. Mas o historicismo de sua visão sociologizante não lhe permitiu ir adiante. Tentaremos enfrentar esta questão no próximo capítulo.

malista deslindar a dimensão ideológica da *forma*, da *construção*, uma vez que muitas de suas teses apontavam para isso, o mecanicismo da crítica sociológica sequer conseguiu visualizar as produções simbólicas fora das fronteiras do reflexo das condições sociais. Toda a polêmica que se desencadeou com relação ao princípio da linguagem poética não foi mais do que uma forma de escamotear esta questão fundamental. Pode-se dizer que o Formalismo chegou a operar taticamente esses problemas ao se integrar à vanguarda artística futurista e construtivista, cuja práxis se colocava nas coordenadas da Rússia revolucionária. O que faltou foi, exatamente, transcender os problemas táticos do momento, para aprofundar, para além das escaramuças periféricas, a contradição real.

2. DESDOBRAMENTO DA RADICALIDADE FORMALISTA

A facção da crítica literária que se colocou contra o Formalismo cometeu um equívoco imperdoável ao isolar seus princípios de toda a prática que os alimentava. Fora de sua ambiência crítico-criativa, o Formalismo Russo perde sua complexidade teórica e se reduz a uma teoria monovalente, cristalizada em torno do material verbal e totalmente refratária, em aparência, à análise da dimensão ideológica do fenômeno artístico. Consegue-se, deste modo, forjar um Método Formal que se contraponha ao já fixado Método Sociológico.

A tão massacrada rigidez dos princípios formalistas não é, contudo, tão inflexível no contexto da prática artística que a gerou. Aquilo que se consolidou como impasse a nível teórico, sequer foi cogitado na práxis. É o que ocorreu, por exemplo, com esta controvérsia entre Método Formal e Método Sociológico, o que nos impede de afirmar, em tom categórico, que os formalistas ignoraram a necessidade de se operar conjuntamente mecanismos de análise formal e ideológica. Um precioso testemunho do poeta Maiakóvski é o que nos leva ao encontro de tais afirmações.

Ligado aos formalistas pela sua concepção de poesia enquanto "forma de produção", onde o material e o procedimento se colocam como os principais ingredientes da novidade poética - elemento vital para a sobrevivência da própria poesia - Maiakóvski jamais dispensou de sua práxis poética o "encargo social", tão necessário para a constituição de uma poética revolucionária quanto o elemento formal. O fazer poético é, para o poeta, a interação dialética da dimensão ideológica devidamente expressa pela forma. Não há porque dicotomizar aquilo que está, por natureza, indissoluvelmente ligado. É deste modo que ele resolve o problema da contraposição entre os métodos formal e sociológico, colocado pela crítica da época:

> Os problemas da arte estão colocados atualmente no campo da execução prática, e a eles se liga a questão do método formal. O método formal e o método sociológico são a mesma coisa, e fora disso não existe nenhum método formal.
>
> Não se pode contrapor o método sociológico ao formal, porque não são dois métodos, mas um só: o método formal continua o sociológico. Onde acaba a pergunta *"por quê?"* e surge o *"como?"*, termina a tarefa do método sociológico e em seu lugar surge o método formal, com todas as suas armas.
>
> (...)
>
> O companheiro marxista que se dedica à arte deve ter obrigatoriamente conhecimentos formais. Por outro lado, o companheiro formalista, que estuda o aspecto formal da arte, deve conhecer firmemente a ter em vista os fatores sociais.
>
> Pecam ambas as partes quando separam um do outro.
>
> O juízo correto aparece unicamente quando se compreende sua relação mútua.
>
> Eu tenho sempre prontas minhas objeções contra esta antítese continuamente formulada.
>
> Uma obra não se torna revolucionária unicamente pela sua novidade formal. Uma série de fatos, o estudo de seu fundamento social, lhe imprime força. Mas a par do estudo sociológico, existe o estudo do aspecto formal.
>
> Isto não contradiz o marxismo, mas sim a vulgarização do marxismo, e contra esta nós lutamos e continuaremos a lutar" [100:237-8].

A oposição Método Formal/Método Sociológico vira uma camisa-de-força somente para os que fazem questão de preservar o *modo unilateral de pensar as questões artísticas e culturais*. Os princípios da linguagem poética, tal como foram concebidos pelos formalistas, não são incompatíveis com as questões da poética sociológica. Na verdade, os estudos da linguagem poética só são inconcebíveis e improdutivos dentro dos estreitos parâmetros que a poética sociológica oficial da época delineou. Os princípios da linguagem poética são mesmo imprescindíveis para o enfoque adequado da dimensão ideológica das formas expressivas da linguagem. Este requisito fora inicialmente previsto por Maiakóvski e, no final dos anos 20, por Jakobson e Tinianov, cujos estudos se desenvolvem dentro desta linha. O que se pode dizer é que, de fato, os formalistas não enveredaram por este caminho. Sua atividade é anterior, cabendo-lhes, portanto, o peso maior do fardo.

Aquilo que os críticos consideram o grande erro do Formalismo Russo — a extrema valorização do material verbal — não deixa de ser, na verdade, sua maior contribuição para o fortalecimento de uma poética sociológica. Não se pode negar que a abordagem social dos fenômenos artísticos e culturais tem-se erguido, via de regra, em nome do marxismo. O pressuposto insubstituível desta abordagem é mostrar que a criação é um produto dos indivíduos socialmente organizados. Entretanto a tarefa da crítica sociológica tem sido mais a busca dos mecanismos que refletem tal organização, que a análise aprofundada do produto em toda sua complexidade. O que se espera de uma poética sociológica é o tratamento da obra de arte como uma produção de indivíduos sim, mas sem perder de vista em nenhum momento que este produto tem uma materialidade concreta que faz dele um produto real. Esta foi a grande lição dos formalistas, muito bem advertida por uma outra corrente surgida na Rússia dos anos 20, também autodenominada de crítica sociológica, sem, contudo, despachar nas salas do Partido nem se colocar totalmente contra os estudos poéticos formalistas que, reconhecidamente, trouxeram contribuições valiosas quando se concentraram em alguns problemas particulares da arte da palavra. O chamado Círculo de Bakhtin — integrado pelos estudiosos da literatura M.M. Bakhtin, V.N. Volochinov e P.N. Miedviédiev — faz da radicalidade do Formalismo o subsídio de sua poética sociológica. Embora desconsidere o vínculo dos estudos literários com a Lingüística e tenha se revelado hostil exatamente contra os princípios formalistas, esse grupo intelectual parte da valorização da dimensão verbal para tornar efetivo um levantamento abrangente das formas expressivas, cuja tipologia seria uma determinação conseqüente da ciência das ideologias. Sem matizar seus estudos pelo jargão da crítica declaradamente marxista, Bakhtin e seus companheiros souberam captar a importância do material verbal nos estudos da literatura porque entenderam ser ele a matéria do ato de interação dos indivíduos na sociedade. Tal como Tinianov, perceberam que a literatura se correlaciona com a sociedade que a produz através do material verbal. Daí encontrarmos um parentesco muito significativo entre as descobertas da teoria bakhtiniana e as investigações formalistas. Muitas das profecias formalistas encontram-se plenamente realizadas na poética sociológica do Círculo de Bakhtin.

Antes de iniciarmos a comprovação de nossa tese, estabelecendo o diálogo entre o Formalismo Russo e o Círculo de Bakhtin, teremos de enfrentar uma séria conjectura existente com relação a este controvertido grupo, rigorosamente contemporâneo dos formalistas.

O semioticista soviético da chamada Escola de Tártu V.V. Ivanov, admirador e amigo pessoal de Bakhtin, num estudo consagrado à contribuição de Bakhtin ao desenvolvimento da Semiótica[1], declara a existência de escritos de Bakhtin assinados por seus companheiros. P. N. Miedviédiev assinou *O Método Formal nos Estudos Literários: Introdução Crítica à Poética Sociológica*; V. N. Volochinov, por sua vez, assinara *Marxismo e Filosofia da Linguagem, Freudismo: Uma Crítica Marxista* e os ensaios "Discurso na Vida e Discurso na Arte", "Além do Social" e "As Últimas Tendências do Pensamento Lingüístico do Ocidente".

A conjectura levantada por Ivanov mostra que Volochinov e Miedviédiev são responsáveis pela introjeção de uma abordagem marxista nos escritos de Bakhtin, condição imprescindível para a publicação na época. Isso levou Ivanov a falar, ao invés de autoria integral dos textos, em modificações e alterações em partes significativas das obras criadas por Bakhtin. Volochinov, por exemplo, teria se encarregado da titulação dos livros que assinara. Segundo M. Holquist [32:164] o livro sobre Freud chamava-se apenas *Freudismo: Um Esboço Crítico*. A caracterização de estudos marxistas para os dois livros é obra de Volochinov. Essa conjectura, embora tenha suscitado calorosas polêmicas, nunca foi devidamente esclarecida. Bakhtin nunca reivindicou a paternidade destas obras até sua morte em 1975.

---

1. V. V. Ivanov, "Znatchênie idéi M. M. Bakhtiná o znake, viskázivanii i dialogue dliá sovriemiénoi semiótiki", *Trudi po znakovim sistiêman*, ("A Importância das Idéias de M. M. Bakhtin sobre o Signo, a Enunciação e o Diálogo para a Semiótica Moderna", em *Estudos sobre os Sistemas de Signos*) VI, Tártu, 1973.

Voloch[i]nov e Miedviédiev desapareceram nos expurgos dos anos 30, não deixando nenhuma nota a respeito.

B. Schnaiderman, que chegou a conhecer Bakhtin por intermédio de Ivanov em 1972, defende a seriedade da conjectura polêmica levantada pelo semioticista, já que seu testemunho é o de uma pessoa que conviveu cóm o grande teórico [104:22]. Mas, lembrando de nossa "indigência bibliográfica", B. Schnaiderman se vê desarmado para firmar uma posição categórica com base em conjecturas. Em seus ensaios sobre Bakhtin [105:15-20], mostra que Ivanov apoiou sua tese sobre a autoria percorrendo a "faceta socrática do teórico".

> Não é por acaso [alega Ivanov] que Bakhtin passa toda a sua vida adulta pensando no significado do diálogo filosófico: mesmo o romance de Dostoiévski ele compreendeu como semelhante ao diálogo. No diálogo se manifesta o pensamento como tal, distribuído entre os interlocutores. Por isso, esse pensamento é suprapessoal, se não impessoal; ele como que não tem autor e pode aparecer sob diferentes pseudônimos: sabe-se como eram numerosos os pseudônimos de Kierkegaard. Por isso, também Bakhtin não teve dificuldades de aceder ao pedido de dois amigos e discípulos seus, Volochinov e Miedviédiev, de editar com os nomes deles vários dos seus trabalhos (com as modificações indispensáveis naquele tempo, que eles introduziram)[2].

T. Todorov também dedicou uma pesquisa minuciosa ao assunto. Observando as diferenças de estilo presentes nos diversos estudos do grupo, declara que os textos apontados por Ivanov são exatamente os escritos polêmicos e dogmáticos, dedicados à Psicanálise, ao Formalismo nos estudos literários e à Lingüística contemporânea. Alega que Bakhtin jamais publicou sob seu nome um artigo polêmico e as referências que faz à doutrina marxista são bastante discretas. Para firmar seu veredito, Todorov recorre também ao problema da relação entre autor e obra, fundamental na obra de Bakhtin: o autor não é o único responsável pelo conteúdo de seu discurso, o destinatário participa igualmente. Com isso, Todorov opta

---

2. Citação de Ivanov na obra de B. Schnaiderman [105:20]. M. Holquist lembra, a propósito, que o primeiro artigo de Bakhtin, publicado com o nome de seu companheiro, o biólogo Kanaev, foi o ensaio "Vitalismo Contemporâneo" (1926), onde Bakhtin trabalha a relação dialógica entre a mente e o mundo, fundamental para a teoria do *cronotopo* que desenvolveria mais tarde no estudo sobre o romance. O ponto central desta teoria do vitalismo apresenta a mente como um sistema através do qual o indivíduo responde ao mundo social, assim como, através do corpo, o homem responde ao mundo físico [32:102 e 175].

pelo procedimento topográfico: acrescenta com uma barra o nome de Bakhtin aos textos de autoria suspeita [119:16-24].

M. Holquist, autor americano de exaustivos estudos sobre a atividade teórica de Bakhtin, bem como dos problemas que a cercam, sem ignorar a complexidade da questão, atribui a Bakhtin a autoria de noventa por cento dos textos suspeitos. Para ele, o suposto Círculo se fecha em Bakhtin. Volochinov e Miedviédiev tinham muito mais experiência do processo editorial que Bakhtin. Em compensação, Holquist mostra que os companheiros de Bakhtin não possuíam uma disciplina intelectual favorável à produção teórica, e nisto Bakhtin era imbatível [55:XXVI].

O argumento mais forte que procura justificar a impossibilidade de Bakhtin ter escrito tais textos é o caráter marxista das concepções neles expressas. Bakhtin era, realmente, um pensador não-marxista de profunda orientação religiosa. Entretanto, o período pós-revolucionário foi marcado por uma tendência que buscava uma conciliação entre cristianismo e comunismo, com base no espírito comunitário que sustenta essas doutrinas.

A terminologia marxista usada nos textos suspeitos [alega Holquist] não era propriedade exclusiva dos marxistas, mas era comumente usada pelos intelectuais de esquerda na Rússia nos últimos dois séculos [32:156].

Enquanto Holquist procura descaracterizar o possível jargão marxista presente nos escritos que acredita ser de autoria bakhtiniana, o crítico brasileiro F.R. Kothe retoma a questão mostrando que Bakhtin, devido a todos os fatores que marcaram sua produção e sua própria vida intelectual, seria um autor cujas concepções se enquadrariam melhor no ideário burguês, ao passo que Volochinov e Miedviédiev seriam os verdadeiros autores marxistas. Assim sendo, Kothe mantém a autoria dos discípulos de Bakhtin, desenhando uma trajetória onde a crítica aos estudos do Formalismo Russo, realizada por Miedviédiev, estaria num primeiro plano; a crítica de Volochinov à filosofia da linguagem, num segundo, até atingir "um outro nível" nos estudos do próprio Bakhtin [65:19].

Não temos elementos suficientes para emitir um parecer fundamentado sobre o assunto. Não tivemos acesso à totalidade dos escritos do grupo, nem tampouco ao livro de Ivanov. Conhecemos, por exemplo, a edição do livro assinado por Miedviédiev que valoriza alguns pontos da teoria formalista. Entretanto, sabemos que houve uma outra versão em que os formalistas foram alvo de um ataque bem mais violento e sua teoria totalmente desacreditada. Um fato, porém, nos parece evidente: à questão da autoria liga-se a indagação sobre o caráter ideológico da produção teórica do agrupamento bakhtiniano. Interessa saber em que sentido o grupo serviu-se da designação marxista para suas formulações.

O estudo citado de M. Holquist sustenta que a terminologia marxista usada por Bakhtin pode ser perfeitamente substituída por termos próprios de seu universo teórico, sem ocasionar nenhuma violência conceptual [32:156]. Mesmo que se resolva a questão por esta via, resta uma outra dúvida. Em que medida a poética bakhtiniana pode ser considerada uma abordagem sociológica? A contraposição da teoria do Círculo de Bakhtin ao Formalismo Russo faz emergir elementos elucidativos para tal indagação.

Um dos primeiros escritos de Bakhtin, "O problema do Conteúdo, do Material e da Forma" (1924), apresenta um confronto estético-filosófico com as principais teses do Formalismo Russo. Nele Bakhtin propõe a noção de "forma significante" como uma possível superação do conceito formalista de forma. No contexto de uma complexa reflexão filosófica que dominava Bakhtin no momento, tal conceito não recebeu uma definição clara. Recorrendo aos escritos de Volochinov sobre os problemas específicos da "enunciação" (segunda parte do livro sobre a filosofia da linguagem e apêndice ao livro sobre freudismo) e à noção de Miedviédiev sobre "construção formal", temos tal conceito elucidado.

Da mesma forma com que os formalistas situaram o material verbal como o objeto da ciência literária, Bakhtin elegeu a enunciação como o centro de sua teoria poética. Bakhtin desenvolveu uma filosofia da linguagem com base nos aspectos comunicativos da linguagem. A enunciação, síntese da habilidade individual de uso dos elementos da linguagem para fins comunicativos, não deixa de ser uma realização conjunta da personalidade do autor, dos valores éticos e do contexto social. O conceito de enunciação parte da noção de material verbal formalista, mas o ultrapassa, visto reproduzir a instância da forma expressiva dotada de uma configuração ideológica, determinada pelo contexto da interação social num dado momento da História. Eis o elemento da poética bakhtiniana que lhe confere a denominação de teoria sociológica. A dimensão sociológica não surge, portanto, da transposição mecânica das categorias marxistas, mas de um elemento da estrutura interna da obra que tem uma configuração exterior a ela.

O Círculo de Bakhtin desenvolve os princípios da linguagem poética à luz de uma abordagem histórica, escolhendo, como modelo operatório, a análise contrastante do universo da construção formal e de seu aspecto ideológico. É deste modo que se acreditou ser possível realizar um estudo marxista das ideologias. As questões já tematizadas pelos formalistas são de grande importância, por oferecerem uma tática de determinação das propriedades da linguagem poética que garante ao agrupamento bakhtiniano cumprir o princípio básico do Marxismo: o tratamento da criação ideológica através de sua materialidade. Isso o método da especificação formalista desenvolveu com todo o rigor em suas abordagens. Por mais paradoxal que possa parecer, o Formalismo acaba sendo o substrato para o estudo das ideologias, já que a literatura é um dos ramos da produção ideológica.

Os formalistas encontraram a materialidade da linguagem poética na disposição dos fonemas, morfemas e sintagmas que a palavra em seu uso poético (*slovesnost*) provoca. Por rejeitar a noção de linguagem poética, bem como sua determinação lingüística, o Círculo de Bakhtin localiza a materialidade da construção poética no discurso, instância da linguagem onde o processo de interação social é deflagrado. "O processo de interação social" – afirma Miedviédiev – "é o meio pelo qual o fenômeno ideológico adquire sua primeira existência, seu significado ideológico, sua matéria semiótica" [85:8]. O discurso é matéria concreta, fruto da realidade prática que rodeia o homem. Possui uma natureza especial: o sentido e o valor são células de sua estruturação física, revelando-se através de sons, gestos, linhas, cores etc., não existindo fora deste contexto. Assim sendo, encontramos no discurso uma natureza ambivalente: ao mesmo tempo, é material organizador da linguagem e receptáculo dos valores sociais. É isso que lhe confere a qualidade de signo, categoria fundamental nos estudos da ciência das ideologias do grupo de Bakhtin.

Da mesma forma com que os formalistas sentiram a necessidade de precisar o objeto de seus estudos sobre a Ciência Literária, o Círculo de Bakhtin precisou determinar o objeto dos estudos da ciência das ideologias. O signo é a matéria concreta da ideologia, o que leva Volochinov a afirmar, logo no início de seu estudo sobre a Filosofia da Linguagem, que "tudo que é ideológico possui valor semiótico e todo signo é um fenômeno social" [128:10][3]. Ao eleger o discurso como a materialidade da

---

3. O fenômeno da reflexão e refração de uma realidade exterior ao

obra literária que orientará todo seu estudo, o Círculo de Bakhtin deixa bem claro seu objetivo: interessa-lhe estudar a ideologia através de sua manifestação mais evidente na linguagem, o dialogismo. E isso Bakhtin encontra no romance. É na narrativa de Rabelais e Dostoiévski que encontrará os índices ideológicos do discurso, transformados em categorias primordiais de sua poética, a dialogia, o carnaval e a polifonia.

A noção de discurso já se distancia, e muito, da concepção formalista de linguagem poética; o que ainda as liga é, todavia, a substância formadora que é o material verbal. Ao sistema de linguagem fundado na monologia que se projeta contra o *background* da língua padrão, vem se opor a noção de discurso, impregnada da dialogia própria ao fenômeno de interação social, noção que acima de tudo considera como parte indissociável do discurso a voz do outro. A noção de discurso é, pois, o traço distintivo que a poética histórica bakhtiniana apresenta com relação ao Formalismo. O discurso sempre pressupõe o diálogo. E, no texto, o discurso realiza este diálogo recorrendo ao discurso dentro do discurso. Jakobson, ao descrever o esquema da comunicação, apontou para a função da linguagem dominada pelo discurso do outro, a função conativa, centrada no destinatário. Porém, ao levantar os procedimentos que escrevem este discurso, fez constar apenas as categorias gramaticais, como o uso do imperativo e do vocativo. Esta referência serve-nos de exemplo para a distinção do enfoque lingüístico do material verbal, operado pelo Formalismo Russo, do enfoque bakhtiniano cuja índole sociológica é pura manifestação do jogo da interação dos indivíduos. Jakobson demonstra não ignorar, todavia, que seu esquema é insuficiente para exprimir o pulsar social da linguagem. Pelo menos é o que sugere ao analisar a mensagem em sua função poética, dizendo:

qualquer mensagem poética é, virtualmente, como que um discurso citado, com todos os problemas peculiares e intrincados que o discurso dentro do discurso oferece ao lingüista [60:150].

O grande mérito dos estudos de Bakhtin foi ter aprofundado este fenômeno da dialogia do discurso poético, uma grande

---

signo, tal como foi desenvolvido por Volochinov, é o que se torna a propriedade diferenciadora e determinativa da concepção do fenômeno artístico como um organismo de articulação formal e ideológica. Assim, o Círculo de Bakhtin consegue dar conta do aspecto formal sem perder de vista seu significado ideológico, e sem cair no mecanismo do marxismo vulgar praticado pela crítica sociológica.

conquista teórica para o enfrentamento da complexidade do discurso narrativo.

Como se vê, a noção de poética sociológica veiculada pelo Círculo de Bakhtin

é bem diferente das abordagens sociológicas da literatura com que estamos acostumados. A natureza social da linguagem reside no fato de que ela sempre se dirige a alguém e que o próprio monólogo pressupõe o outro. Este dialogismo fundamental é que tem de ser levado em conta em todas as abordagens da literatura. Em essência, a linguagem é sempre dialógica [105:22][4].

A poética instaurada pelo Círculo de Bakhtin não se relaciona tampouco com a crítica sociológica oficial da época. Tal como os formalistas russos, Bakhtin trata com certa reserva a análise genética do fenômeno literário. Este posicionamento é flagrado na crítica dirigida ao estudo de Lunatcharski sobre o romance polifônico de Dostoiévski, estudo que centraliza as discussões sobre o problema da elucidação das causas histórico-sociais da polifonia dostoievskiana[5], Bakhtin não chega a condenar propriamente a análise histórico-genética realizada por Lunatcharski, mas reconhece-lhe a limitação de alcance quanto "ao valor artístico e ao caráter historicamente progressista do novo tipo de romance polifônico criado por Dostoiévski".

O que nos interessa mais diretamente na exposição de Bakhtin é a elucidação da questão do engajamento de uma forma expressiva de composição (no caso a polifonia). Bakhtin desmascara aquele tipo de visão mecanicista em que a forma se prende às condições do momento histórico, sem o qual perde seu valor. Vejamos. Lunatcharski atribui a sobrevivência da obra de Dostoiévski, tanto no ocidente quanto na Rússia, ao fato de o capitalismo ainda ser o sistema econômico dominante. Nesta análise tipicamente sociológica, as formas expressivas

---

4. Com relação a este problema, J. Kristeva aponta como ponto irreconciliável da poética de Bakhtin em relação ao Formalismo exatamente a concepção de linguagem. A "palavra" (*slovo*) para Bakhtin é "discurso", "enunciação" / "enunciado"; a realização de um sujeito histórico. Isto é o que faz da dialogia o princípio formal inerente à linguagem; a voz do outro está sempre subentendida [69:12-13].

5. A. V. Lunatcharski, "O Mnogogolósnosti Dostoievskovo", in *F.M. Dostoiévsky v rússkoy kritike* ("Acerca da Multiplicidade de Vozes em Dostoiévski", em *F.M. Dostoiévski na Crítica Russa*), Goslitizdat, Moscou, 1956, pp. 403-429. A referência de Bakhtin a este estudo consta do *Problemas da Poética de Dostoiévski* [6:26-30].

tendem a ser necessariamente reflexo das condições sócio-materiais, impedindo o crítico de enxergar a dialética que comanda o surgimento das formas na história. E Bakhtin chama-lhe a atenção para este fato:

> As contradições extremamente exacerbadas do jovem capitalismo russo, o desdobramento de Dostoiévski enquanto indivíduo social e sua incapacidade pessoal de abordar determinada solução ideológica, tomados em si mesmos, são algo negativo e historicamente transitório, mas, não obstante, constituíram as condições ideais para a criação do romance polifônico "daquela inaudita liberdade de vozes" na polifonia de Dostoiévski que é, sem qualquer sombra de dúvida, um passo adiante na evolução do romance russo e europeu. A época, com suas contradições concretas, e a personalidade biológica e social de Dostoiévski, com sua epilepsia e sua dicotomia ideológica, há muito se incorporaram ao passado, mas o novo princípio estrutural da polifonia, descoberto nessas condições conserva e conservará a sua importância artística nas condições inteiramente diversas de épocas posteriores. As grandes descobertas do gênio humano só são possíveis em condições determinadas de épocas determinadas, mas elas nunca se extinguem nem se desvalorizam juntamente com as épocas que as geraram.

Na verdade, Bakhtin exige de Lunatcharski uma visão da historicidade das formas de expressão artística, exatamente aquilo que garantirá a união, no corpo da análise, do nível formal com o nível ideológico; ou seja, aquilo que Maiakóvski preconizara em sua intervenção.

Em sua análise histórico-genética [diz Bakhtin], Lunatcharski expõe apenas as contradições da época de Dostoiévski, a duplicidade do romancista. Mas para que esses fatores de conteúdo se transformassem numa nova forma de visão artística, gerassem uma nova estrutura do romance polifônico, ainda era necessária uma longa preparação das tradições estéticas universais e literárias. As novas formas de visão artística são preparadas lentamente, pelos séculos: uma época cria apenas as condições ideais para o amadurecimento definitivo e a realização de uma nova forma. Descobrir esse processo de preparação artística do romance polifônico é tarefa da poética histórica. Não se pode, evidentemente, separar a poética das análises histórico-sociais, assim como não se pode dissolvê-la nestas [6:29-30].

3. A ILUSÃO DA NARRATIVA ORAL: ENFOQUE LINGÜÍSTICO E METALINGÜÍSTICO

Mapeando as manifestações isoladas de posturas formalistas na poética sociológica do Círculo de Bakhtin, verifica-se que exatamente na área em que Bakhtin e Volochinov deram a sua maior contribuição aos estudos literários – caracterização do discurso citado como subsídio à manifestação do dialogismo em linguagem – os rastros formalistas são evidentes. Acabamos de nos referir à breve alusão de Jakobson quanto à importância do discurso citado para a definição do discurso poético. Os estudos formalistas sobre as questões estilísticas da arte verbal ofereceram a Bakhtin elementos importantes para a discussão do dialogismo em fenômenos como a paródia, estilização e *skaz*[1]. Como bem

---

1. Numa nota à p. 160 de seu estudo sobre Dostoiévski, Bakhtin registra a seguinte definição para o *skaz*: "Tipo específico de narrativa estruturado como narração de uma pessoa distanciada do autor (pessoa concretamente nomeada ou subentendida), dotada de uma forma de discurso

43

observou I.R. Titunik (autor da versão inglesa de *Marxismo e Filosofia da Linguagem*, obra assinada por Volochinov),

> os estudos literários sobre a paródia, estilização e *skaz* foram desenvolvidos pelos formalistas bem antes de 1918. Esses estudos marcam o acesso à investigação das operações estilísticas vitais da arte verbal e o papel que estas operações desempenham na produção e evolução literária, como na prosa de ficção. Tais problemas foram tomados como contrapartida aos problemas da textura sonora e do ritmo no verso, fundamentais aos conceitos formalistas iniciais. Este é o caso especial do *skaz* onde a entoação, tons de voz, gestos verbais e pantomimas ocuparam posições determinantes [117:191].

Estas relações mostram que, entre o Formalismo Russo e o Círculo de Bakhtin, existem momentos de encontro e complementaridade das concepções teóricas.

Não obstante a poética do Círculo de Bakhtin seja fundamentada sobre o diálogo, a primazia dos estudos nesta área não coube ao grupo. L. P. Iakubínski foi o primeiro a conceber o diálogo como a "forma mais natural do discurso"[2]. Seguem-se-lhe os estudos de V. V. Vinogradov, um formalista cujo mérito foi reconhecido por Bakhtin. Ao elaborar sua tipologia dos estilos do discurso narrativo, Vinogradov aborda o problema do monólogo contra o *background* do diálogo. B. Schnaiderman, que teve acesso ao estudo de Vinogradov, declara que nele

> realmente se trata, com muita sutileza, dos problemas do diálogo. Embora ali não apareça ainda o "monólogo dialogizado", expresso nesses termos, a voz por trás de outra voz, o autor aponta claramente para as conseqüências que traz a expectativa do discurso do interlocutor, e os textos de Ana Akhmátova são dissecados minuciosamente em relação a este problema. Aliás, segundo várias referências, Vinogradov tratou da relação entre as formas monológicas e dialógicas do discurso em diversos ensaios, a partir de 1923 [105:72][3].

---

própria e *sui generis*" (*Krátkaya literatúrnaya entsiklopédya, (Breve Enciclopédia de Literatura)*, Moscou, 1971, v. 6, p. 876). V. Erlich destaca esta modalidade narrativa como um ponto-chave na estilística do Formalismo Russo. Define-o como aquela narrativa que focaliza o "tom" pessoal do narrador na ficção [48:75].

2. L.P. Iakubínski, "O dialoguítcheskoi rétchi" ("Sobre O Discurso Dialogado"), Petrogrado, 1923. A citação é de I. R. Titunik [117:191].

3. O texto de V.V. Vinogradov a que se refere B. Schnaiderman é "As Caretas do Diálogo" em *A Poesia de Ana Akhmátova*, Leningrado, 1925.

Foram tais relações que despertaram o interesse de Bakhtin, levando-o a afirmar que:

de toda a estilística moderna – seja soviética, seja não soviética – destacam-se acentuadamente os notáveis ensaios de V.V. Vinogradov, que revelou com base em vasta matéria toda diversidade básica e a multiplicidade de estilos da prosa literária e toda a complexidade da posição do autor ("da imagem do autor") nessa prosa. Parece-nos, porém, que Vinogradov subestima um pouco a importância das relações dialógicas entre os estilos de discurso (considerando-se que essas relações ultrapassam os limites da lingüística) [6:175-6].

Bakhtin não esconde seu interesse pelos estudos formalistas sobre o estilo. Mostra-se, contudo, contra a abordagem do fenômeno literário, inclusive das questões estilísticas do discurso, do ponto de vista exclusivamente lingüístico. Sabemos que a ciência da literatura da qual se ocupavam os formalistas se desenvolvia *pari passu* às descobertas que a Lingüística moderna vinha efetuando (há mesmo quem considere a continuidade do Formalismo Russo no Estruturalismo de Praga, onde o próprio Jakobson veiculava muitos de seus ensaios, principalmente após a condenação e desativação da OPOIAZ pela gestão stalinista dos anos 30). A concepção de linguagem enquanto fenômeno dinâmico, ligado à interação dos indivíduos socialmente organizados, conduz os estudos de Bakhtin sobre o discurso para um outro pólo, onde os estudos lingüísticos ainda não haviam penetrado. Para Bakhtin interessa explorar aqueles aspectos do discurso que suplantam as fronteiras do lingüístico. Daí seus estudos revelarem uma natureza metalingüística em que o foco de atenção passa a ser discurso citado, o discurso do outro. É do ponto de vista da metalinguagem (referindo-se, aqui, aos estudos que ultrapassam o enfoque lingüístico) que a poética sociológica bakhtiniana procurou redimensionar alguns aspectos estilísticos do discurso, explorados pelos formalistas e cujo tratamento lingüístico se mostrou insuficiente. É o caso, por exemplo, do *skaz*, modalidade de discurso levantada inicialmente por Eikhenbaum e sistematizada teoricamente por Bakhtin e Volochinov.

Já em 1918, muito antes de o Círculo de Bakhtin eleger o diálogo como a instância onde se processa a interação social da linguagem, Eikhenbaum, em seu ensaio sobre *O Capote* de Gógol, destaca pela primeira vez a orientação para a fala presente na narrativa direta. Nesta modalidade narrativa, a trama (combinação de motivos e suas motivações) perde seu papel organizador para que os procedimentos da narração direta passem a ocupar o primeiro plano.

Eikhenbaum considerou o texto de Gógol exemplar nesse sentido, pois, partindo de uma trama relativamente pobre, se organiza através das imagens vivas da linguagem falada, matizadas por toda espécie de trocadilhos, jogos articulatórios, associações lógicas de palavras ilógicas etc. O revestimento oral que cobre o discurso remodela a narrativa;

esta narração não tende para uma simples narração, para um simples discurso, mas ela reproduz as palavras pela interpretação mímica e articulatória. As frases são escolhidas e ligadas menos pelo princípio do discurso lógico do que pelo discurso expressivo, no qual a articulação, a mímica, os gestos sonoros assumem um papel particular [36:227-8].

Esta particularidade da construção do texto gogoliano é que levou Eikhenbaum a levantar o fenômeno da "semântica fônica" da linguagem, onde o envoltório sonoro da palavra, seu caráter acústico, torna-se significativo, independente do sentido lógico e concreto. Os nomes das personagens gogolianas são criações desta dimensão mímica e articulatória do discurso fônico. Foram criadas a partir dos elementos da linguagem falada que Gógol encontrava nos lugares por onde andava, nos anúncios, nas tabuletas (que, de acordo com o costume, substituíam os números das casas pelo nome de seu proprietário). E foi mesmo numa dessas tabuletas que ele encontrou o nome para o protagonista de *Almas Mortas*, Tchitchikov [36:230-1].

Eikhenbaum considerou também a importância da figura do narrador para este tipo de discurso. É ele que se encarrega de ligar os procedimentos estilísticos, atribuindo um tom original ao discurso, o que nos faz cair na ilusão de que a narrativa é desprovida de discurso narrativo. É como se o discurso reproduzisse apenas entoações de fala, de maneira que a fábula, ao ser contada, provocasse o surgimento de um discurso que, imitando os modelos fonéticos, gramaticais e lexicais da fala, produzisse a "ilusão da narrativa oral" [48:238]. Eikhenbaum observa que esta postura narrativa é reforçada pelo fato de que, no texto gogoliano, as personagens falam muito pouco; suas falas entram para o contexto mímico e articulatório do narrador, que as declama e interpreta.

Assim Eikhenbaum analisa o *skaz* na narrativa direta gogoliana, colorida pelos matizes da fala. Uma narrativa que explora intensamente aquilo que é propriedade específica da poesia, a oralidade.

Esta fala que não é fala, apontada por Eikhenbaum como princípio de construção do texto de Gógol, aparece nos estudos de Bakhtin como outra propriedade: representa a possibilidade de a textura narrativa deixar vazar a voz do outro. Aqui o *skaz* é concebido como um fenômeno de dupla articulação: uma voltada para o discurso falado e outra para o discurso do outro. De uma certa forma, Bakhtin condena a análise extremamente lingüística que Eikhenbaum faz do *skaz*, insistindo na sua tese da insuficiência que este tipo de análise apresenta com relação à complexidade do discurso. Para Bakhtin, Eikhenbaum

compreende o *skaz* exclusivamente como a *orientação para a forma verbal da narrativa*, a orientação para o discurso falado e as respectivas particularidades lingüísticas (entonação da fala, construção sintática do discurso falado, léxico correspondente etc.). Ele não leva absolutamente em conta que, na maioria dos casos, o *skaz* é acima de tudo orientação para o discurso do outro e, conseqüentemente, para o discurso falado [6:166].

Aliás, para Bakhtin, a orientação do *skaz* para o discurso falado do outro é uma propriedade de toda narração.

Esta tese esboçada por Bakhtin no seu livro sobre Dostoiévski foi desenvolvida teoricamente no livro sobre *Marxismo e Filosofia da Linguagem*. Nele Volochinov esclarece que a língua russa não conhece uma fronteira nítida entre o discurso direto e o discurso indireto, o que leva "Os esquemas sintáticos de transmissão do discurso de outrem" a se mostrarem "desprovidos de marcas sintáticas claras". Esta particularidade de elaboração dos tipos de discurso em russo favorece, no entender de Volochinov, o surgimento de "um estilo pictórico de transmissão do discurso do outro". Embora o discurso direto se confunda com o discurso indireto, Volochinov mostra que o discurso direto se constitui num esquema bem mais elaborado na língua literária russa e com grande variedade de modificações, dependentes do confronto estabelecido entre o discurso narrativo do autor-narrador, o discurso do outro, as personagens, e o discurso falado [128:127 e ss.].

Enquanto para Eikhenbaum o narrador é figura de relevo na narrativa direta por ser o mediador entre o discurso falado do outro e o contexto narrativo, o que lhe autoriza interpretar o discurso das personagens carregando-o de uma nova coloração, para Bakhtin o narrador é peça fundamental por ser ele o portador do discurso falado do outro. Bakhtin procura deixar bem claro que

na maioria das vezes, o *skaz* é introduzido precisamente em função da *voz do outro*, voz socialmente determinada, portadora de uma série de pontos de vista e apreciações, precisamente as necessárias ao autor. Introduz-se, em suma, o narrador; o narrador propriamente dito não é um letrado, na maioria dos casos é um personagem pertencente a camadas sociais mais baixas, ao povo (precisamente o que importa ao autor) e traz consigo o discurso falado [6:166].

Nesse sentido, até mesmo a entoação é acentuadamente social, entrando para a categoria dos fenômenos metalingüísticos.

A entoação conduz o discurso para fora de seus limites verbais (...), situa-se na fronteira do verbal e do não-verbal; do dito e do não-dito. Na entoação o discurso entra em contato com os ouvintes: a entoação é social por excelência [127:102].

O enfoque metalingüístico com que Bakhtin encaminhou seu estudo sobre o *skaz* é uma pequena amostragem do mecanismo de análise que o levará à tipologia do discurso, no contexto narrativo. Em nenhum momento se perdeu a materialidade verbal do discurso. Apenas se evitou confinar a análise aos constituintes da estrutura física. Sem subestimar tais elementos, Bakhtin procura demonstrar antes quais os componentes do ambiente da interação social decisivos para a feição dialógica do discurso.

4. O AUTOR E O OUTRO: PRESENÇA E AUSÊNCIA DE I. TINIANOV

Se Bakhtin tivesse de render um tributo a um formalista por tê-lo antecedido no tratamento de muitos dos temas centrais de sua poética, um nome a ser lembrado em primeiro lugar seria certamente o de I. Tinianov, o formalista que trabalhou, na linha que seria a adotada por Bakhtin, conceitos como o de paródia e discurso citado. No entanto este é o grande ausente das referências que o próprio Bakhtin faz de seus predecessores. Se nos primeiros estudos do Formalismo não havia um canal apropriado para a sintonia da dimensão social e verbal da linguagem literária, na teorização de Tinianov este é exatamente o ponto de partida, o que leva os estudos formalistas para um outro estágio de desenvolvimento, onde o material verbal encontra-se analisado em sua perspectiva social. A poética sociológica de Bakhtin acaba tomando por pressuposto teórico elementar uma das teses fundamentais de Tinianov: a noção de material verbal como o principal elemento da correlação entre a literatura e a vida social [113:114][1]. Ora, não é o respeito à materialidade da criação ideológica (palavra, som, gestos, cores etc.) o princípio elementar da abordagem marxista proposta pelo Círculo de Bakhtin?

O material verbal recebe, todavia, um tratamento diferente quando submetido aos pontos de vista de uma e outra teoria. Os conceitos de Tinianov se projetam ainda contra o *background* da língua-sistema, dentro da perspectiva lingüística que lhe imprimiu a orientação formalista. A dimensão verbal funciona, deste modo, como elemento de mediação da correlação literário/social. O Círculo de Bakhtin, que se orienta dentro de uma perspectiva metalingüística ou translingüística, situa o verbal enquanto discurso. O material verbal passa a ser considerado do ponto de vista de sua elaboração pelo ato de interação social, onde os aspectos não-verbais, que exorbitam da estrutura morfofonética, são igualmente importantes e funcionais para a determinação do discurso. Existe, de fato, uma contraposição de enfoques do material verbal que, entretanto, não nos parece suficiente para justificar a exclusão de Tinianov da lista dos predecessores da poética sociológica de Bakhtin. Como vimos, este não se negou a discutir e colocar seu posicionamento contrário à abordagem lingüística que Eikhenbaum realizou sobre o *skaz* gogoliano. Fez mais, reconheceu-lhe o mérito desbravador.

Não é que estejamos buscando um confronto direto entre o Formalismo Russo e o Círculo de Bakhtin. Para isso precisaríamos nos inteirar do conjunto da produção das duas correntes, coisa que não nos seria possível diante da inacessibilidade dos materiais. Procuramos antes uma coerência histórica do método bakhtiniano, verificando as notações de sua poética portadoras de caracteres dialógicos com relação às investigações formalistas. É nesse sentido que reclamamos quanto à ausência de Tinianov. Estamos considerando que o Círculo de Bakhtin

surgiu num meio que já estava trabalhado pelas discussões em torno das teses levantadas pelos formalistas. Não é por acaso que se sente a presença deste (Tinianov) a cada passo na obra do grande teórico. Tem-se aí, pode-se dizer, uma curiosa manifestação do dialogismo bem no sentido bakhtiniano: ele pode não citar Tinianov, mas um desenvolvimento das idéias deste, ora como aceitação, ora como debate velado, está presente em muitas páginas que escreveu [104:23][2].

1. Um minucioso exame deste tema e dos percalços que dele decorrem foi matéria para o livro de A. Pinheiro, *A Textura Obra Realidade* [91].
2. A ausência de Tinianov no conjunto das referências bakhtinianas foi anotada por B. Schnaiderman [102] e por F.R. Kothe [66:97].

É exatamente através de uma leitura intertextual voltada para o fenômeno da paródia e dialogia que tentaremos descrever a proximidade de preocupações comuns aos teóricos, bem como determinar a medida de uma possível continuidade e complementaridade de teorias.

Apoiando-se no confronto das obras de Dostoiévski e Gógol, Tinianov apresenta um precioso ensaio sobre paródia e estilização como possibilidades de o discurso referir-se a obras do passado, tendo em vista sua noção de evolução como luta. "Toda sucessão literária é antes de tudo luta, destruição de um velho conjunto e nova estruturação do velho elemento" [112:136], é a formulação que abre o ensaio, antes de apresentar o estilo de Dostoiévski como uma repetição, variação, combinação ou até mesmo repulsa do estilo gogoliano.

Só esta concepção valeria como a grande contribuição de Tinianov para o desenvolvimento de uma poética histórico-sociológica, tal como era a intenção de Bakhtin. O conceito de evolução elaborado por Tinianov não esconde uma vinculação muito próxima da abordagem apresentada pelo Marxismo. Os novos estilos, os novos gêneros, que atribuem à obra o caráter de inovação, não são meras oposições a uma tradição. A nova forma só pode ser considerada como tal porque nela se processa uma luta. Ela própria é recusa, continuidade e superação do já existente. Exatamente aquilo que Marx havia formulado para definir o processo da evolução dialética:

o que constitui o movimento dialético é a coexistência de dois lados contraditórios, a sua luta e sua fusão numa categoria nova. Quando o processo do movimento dialético se reduz ao simples processo de opor o bem e o mal com o objetivo de eliminar o mal, e de apresentar uma categoria como o antídoto para outra, as categorias perdem a espontaneidade; a sucessão das categorias se torna superposição; a dialética não é mais o movimento da razão absoluta; não é mais dialética [83:97].

A paródia foi concebida por Tinianov como uma categoria caracterizada pelo movimento dialético e observada na escritura de Dostoiévski em sua relação com a de Gógol.

Inicialmente, Tinianov apresenta o estilo de Gógol em seu aspecto descritivo marcado pela comicidade derivada do desajustamento entre duas imagens: da pessoa e do objeto. Nesta relação de deslocamento, dois procedimentos revelam-se fundamentais: a metáfora de coisas e máscara na descrição de pessoas, ambos caracterizados pela ambivalência. A força da metáfora de coisas está no desajustamento, na dessemelhança daquilo que está unido (como a construção dos nomes das personagens). A máscara, ao abrigar a possibilidade de ser cômica ou trágica, provoca o surgimento de dois planos estilísticos: o alto, indiciado pela amplificação, tautologia, neologismo, arcaísmo; e o baixo, determinado pela irracionalidade, barbarismo e elementos dialetais. Após elaborar esta sistematização estilística dos textos de Gógol, Tinianov parte para o relato de como se desenvolve o fenômeno paródico, provando a máxima de Belinski para quem "Gógol é pai de Dostoiévski"[3].

Dostoiévski joga com o estilo gogoliano. De início reflete os dois planos, o alto e o cômico. Mais tarde, rejeita o estilo elevado e adota quase que totalmente o estilo baixo, privando-o, às vezes, da motivação cômica. Este jogo com o estilo ainda não corresponde à paródia, mas é um fenômeno que Tinianov classifica como estilização.

Paródia equivale à inversão da obra parodiada (reservando-se o nome mais neutro de "estilização" para os casos em que há correspondência exata entre os planos das duas obras em jogo) [15:129].

Para Tinianov

a estilização é vizinha à paródia. Uma e outra levam uma dupla existência: atrás do plano da obra situa-se um outro plano, o que vem estilizado ou parodiado. Mas na paródia é necessário um desajustamento entre os dois planos, um deslocamento; a paródia da tragédia será comédia (seja sublinhando-lhe o aspecto trágico, seja substituindo-o pelo cômico). Na estilização, ao contrário, há a correspondência exata de dois planos: do plano estilizante e daquele estilizado que o atravessa. Todavia, da estilização à paródia não há mais que um passo; a estilização comicamente motivada e sublinhada torna-se paródia [112:139].

3. Belinski Vissarion (1811-1848), crítico e filósofo russo.

Em seu livro [91], A. Pinheiro, colocando-se da perspectiva da teoria da "Estética da Recepção", em vários momentos, refere-se à insuficiência deste estudo sobre a paródia realizado por Tinianov. Segundo o crítico, a leitura das obras do passado nas obras do presente, a intertextualidade, subestima o cotidiano e, conseqüentemente, a história, na medida em que desconsidera o leitor, tanto aquele do momento histórico do autor, como o leitor futuro (pp. 70-76).

Não se trata, a nosso ver, de o paródico destruir o histórico, mas de a poética histórica descobrir o processo de composição que, carregado de historicidade, perdura em outras épocas. Afinal, como atesta o próprio Bakhtin, "as grandes descobertas do gênio humano só são possíveis em condições determinadas de épocas determinadas, mas elas nunca se extinguem nem se desvalorizam juntamente com as épocas que as geraram" [6:29].

Na concepção do formalista, "paródia" e "estilização" são procedimentos que, configurados pelo movimento de repulsa ou absorção entre os planos lingüísticos da obra, ocasionam o "estranhamento" da linguagem. Mas não é esta abordagem lingüística que interessará a Bakhtin. A questão fundamental que lhe ocorreu foi que a luta processada no interior do estilo corresponde à luta de vozes no discurso, tal como ocorre no ato de interação social. A ambivalência mostra, na verdade, que a palavra, no texto, está voltada para o objeto e para o discurso do outro; vale dizer, para o discurso do autor e o discurso do outro. Em termos de formulação teórica geral, Bakhtin chega às mesmas categorias levantadas por Tinianov. Dependendo da interação que se estabelece entre os dois planos do discurso, encontra diferentes modalidades narrativas: paródia, quando ocorre o deslocamento; estilização, quando houver absorção entre os planos.

Se desconhecermos a existência desse segundo contexto do discurso do outro [assegura Bakhtin] e começarmos a interpretar a estilização ou a paródia como interpretamos o discurso comum voltado exclusivamente para o seu objeto, não entenderemos verdadeiramente esses fenômenos: a estilização será interpretada como estilo, a paródia, simplesmente como obra má [6:160-61].

Bakhtin problematiza a concepção que toma a estilização como similitude entre planos lingüísticos e a paródia como inversão, lembrando a questão fundamental da relação entre o discurso do autor e do outro.

A estilização estiliza o estilo do outro no sentido das próprias tarefas do autor. O que ela faz é apenas tornar essas tarefas convencionais. (...) Após penetrar na palavra do outro e nela se instalar, a idéia do autor não entra em choque com a idéia do outro, mas a acompanha no sentido que esta assume fazendo apenas este sentido tornar-se convencional.

Na paródia, contudo, onde o autor também fala a linguagem do outro, há o revestimento dessa linguagem de um matiz que se opõe à orientação do outro. O jogo estilístico apontado por Tinianov, vale dizer, a idéia de luta, não deixa, todavia, de ser fundamental para a eclosão das diferentes vozes que se superpõem no texto paródico.

A segunda voz, uma vez instalada no discurso do outro, entra em hostilidade com seu agente primitivo e o obriga a servir a fins diametralmente opostos. O discurso se converte em palco de luta entre duas vozes.

Por isso é impossível a fusão de vozes na paródia, como é possível na estilização ou na narração do narrador (...) [6:168].

Tinianov e Bakhtin serviram-se do romance *Gente Pobre* de Dostoiévski para mostrar as relações paródicas com respeito a Gógol. Em ambos os estudos, a forma epistolar é apontada como o tipo de composição desenvolvida por Gógol e que está na base do romance de Dostoiévski.

Tal como Gógol [declara Tinianov], Dostoiévski se inicia com a forma epistolar e memorialista; tanto uma como a outra, sobretudo a primeira, não se ajustam a um desenvolvimento de uma trama complexa. O que se verifica inicialmente é a preocupação com a criação e o desenvolvimento das personagens [112:146].

Esta importância dada aos personagens existe em Bakhtin mas principalmente pelo fato de serem eles os interloculores do discurso. A nuança oral e dialógica subjacente à carta leva Bakhtin a uma avaliação mais criteriosa desta particularidade do estilo de Dostoiévski:

Dostoiévski partiu da *palavra refrativa* da forma epistolar. (...) Por si só a forma epistolar ainda não predetermina o tipo de discurso. (...) É próprio da carta uma aguda sensação do interlocutor, do destinatário a quem ela visa. Como a réplica do diálogo, a carta se destina a um ser determinado, leva em conta as suas possíveis reações, sua possível resposta [6:178-9].

Esta possibilidade de resposta indica o diálogo entre as personagens. Daí até a configuração do discurso dialógico povoado de vozes contrastantes (o discurso polifônico) só existe um passo. Ainda mais considerando que o próprio Dostoiévski fez questão de deixar bem claro que em seu romance *Gente Pobre* não é ele (autor) quem fala, mas sim o herói e a heroína, Makar Diévuchkin e Várienka Dobrossiélova. Bakhtin mostra ter tirado o máximo de proveiro deste fato ao considerar, de modo extensivo, os aspectos dialógicos como princípio construtivo dos romances de Dostoiévski.

A tônica do discurso paródico – vozes em desajuste num mesmo contexto discursivo – que Bakhtin reestruturou em termos de dialogia, encontra-se delineada no ensaio de Tinianov quando este aponta os contrastes lingüísticos explorados por Dostoiévski. Este, segundo Tinianov,

amava os contrastes na conversação; terminava sempre uma fala séria com uma anedota e construía sua leitura em voz alta sob o contraste da entoação. (...) A forma epistolar inicialmente escolhida por Dostoiévski é exemplar a este respeito: uma carta deve ser provocada pela precedente e manter com ela uma relação de contraste. (...) Dostoiévski transportou esta qualidade da forma epistolar no ordenamento por contraste dos capítulos e dos diálogos de seu romance [112:147].

Houvesse Tinianov percebido que a voz do outro não se reproduz apenas na forma dialogada, seria ele o autor destas palavras:

> é como se no discurso estivesse encravada a réplica do outro, que, diga-se de passagem, inexiste de fato, mas cuja ação provoca uma brusca reestruturação acentual e sintática do discurso. A réplica do outro inexiste mas projeta sua sombra e deixa vestígios sobre o discurso, e essa sombra e esses vestígios são reais. (...) Suponhamos que duas réplicas do mais tenso diálogo, a palavra e a contra-palavra, ao invés de acompanharem uma a outra e serem pronunciadas por dois diferentes emissores, tenham-se sobreposto uma à outra, fundindo-se *numa só enunciação* e *num só emissor*. Essas réplicas seguiram em direções opostas, entraram em choque. Daí a sobreposição de uma à outra e a fusão delas numa só enunciação levarem à mais tensa dissonância. O choque entre réplicas inteiras – unas em si e monoacentuais – converte-se agora, dentro da nova enunciação produzida pela sua fusão, em interferência marcante de vozes contrapostas em cada detalhe, em cada átomo dessa enunciação. O choque dialógico deslocou-se para o interior, para os mais sutis elementos estruturais do discurso (e, de maneira correspondente, para os elementos da consciência) [6:182].

Aquilo que era uma premissa, uma consideração inicial no ensaio de Tinianov acaba virando uma brilhante conclusão de Bakhtin sobre a paródia Dostoiévski/Gógol: "Ora, no fim das contas, Diévuchkin é um Akáki Akákievitch iluminado pela auto-consciência, que conseguiu linguagem e está "elaborando estilo" [6:183]. (Makar Diévuchkin, herói do romance *Gente Pobre*, de Dostoiévski; Akáki Akakiévitch, personagem do conto *O Capote*, de Gógol.)

Se ao longo do estudo de Bakhtin a voz de Tinianov ecoa intermitentemente, chegando às vezes a se confundir com ela, o estranho não nos parece mais, tão-somente a ausência de citação ao formalista; surpreendente é Bakhtin ressaltar em tom elogioso a análise de Vinogradov sobre o discurso de Makar Diévuchkin, herói de *Gente Pobre*[4], contra o pano de fundo dessa omissão...

---

4. Em uma nota à página 183 de seu estudo sobre Dostoiévski, Bakhtin observa: 'uma excelente análise do discurso de Makar Diévuchkin

55

Antes mesmo que Bakhtin consolidasse como centro de suas investigações as questões referentes às formas de enunciação do discurso, Tinianov publica, em 1924, um ensaio cuja abordagem muito se assemelha à de Bakhtin. Trata-se do estudo do discurso citado, a partir da análise do vocabulário polêmico de Lenin [112:173], que, juntamente com o ensaio de Eikhenbaum sobre o *skaz* gogoliano, esboça uma modalidade narrativa registrada, mais tarde, pela tipologia do discurso elaborado por Bakhtin[5].

Através da noção de "colorido lexical" – a palavra tomada numa acepção precisa, em oposição ao complexo lexical muito amplo, que tira a palavra de seu objeto – Tinianov descobre um discurso em tensão dentro do discurso de Lenin, orador e escritor político, usuário da palavra do ponto de vista funcional do vocabulário. Tinianov observou com argúcia que o discurso de Lenin se constrói pelo retalhamento do discurso do adversário, desmascarando, assim, o significado nivelado, automatizado pelo complexo lexical. Ao trazer para seu discurso a palavra nivelada do discurso do outro, Lenin provoca o surgimento de seu real significado, deixando a descoberto aos olhos de Tinianov o traço "formalista" de seu discurso, a desautomatização [91:123-5].

Tinianov opõe o discurso desautomatizado de Lenin ao discurso oratório que, para atingir a persuasão, se vale de palavras de sentido nivelado cuja ênfase é o aspecto emotivo e solicitante. A palavra sem a sua concretude favorece o surgimento da "arte da frase ambígua, que no plano verbal fornece um significado que não é traduzível sobre o plano da coisa". A arma polêmica de Lenin é, contrariamente, o discurso dissuasivo. Lenin ama falar com a palavra do adversário, mas se obriga a duvidar dela, privando-a de toda força, "tirando-lhe a casca". Para isto, se utiliza de sinais gráficos (aspas) ou entoação, no sentido de tirar a palavra desta massa lexical ampla. "O que vem destacado, neste caso, não é o 'vazio' da palavra, não seu aspecto verbal, mas sua não coincidência com o fato, seu desajustamento com o plano da coisa" [112:186]. É o que acontece quando Lenin, ao desmascarar o discurso de Kêrenski, opõe suas aspas

---

como caráter social determinado é feita por V.V. Vinogradov em seu livro *O yazikié khudójestvennoi literatúri* (*A Linguagem da Literatura de Ficção*), Moscou, Ed. Goslitizdat, 1959, pp. 447-492".

5. Um quadro abrangendo os tipos de discurso examinados por Bakhtin encontra-se à p. 173 de seu *Problemas de Poética de Dostoiévski*, cit.

irônicas às maiúsculas das palavras niveladas usadas por este ("Pátria", "Revolução", "Revolta") [112:189][6].

Pelo que foi exposto acima, a análise do discurso de Lenin empreendida por Tinianov se desenrola no âmbito do discurso paródico. O "polêmico" equivale ao "paródico" na medida em que evidencia o desajustamento entre dois planos, denunciando, conseqüentemente, o discurso do outro.

O paródico polêmico usado como arma no desvendamento do discurso do outro mostra a constituição dialética do discurso leniniano: a persuasão é obtida através de elementos dissuasivos. Lenin luta contra a palavra nivelada de ação emotiva, sem significado concreto específico. Este desajuste do discurso paródico é reforçado principalmente quando se atenta para o matiz do vocabulário que entra para o discurso do orador político. Tem-se uma quantidade muito grande de palavras baixas e injuriosas:

> O uso da palavra injuriosa no discurso oratório ou jornalístico é um procedimento que rebaixa imediatamente o plano alto, transferindo o discurso para um plano usual [112:202].

A palavra injuriosa tem uma coloração cômica que não é admitida no discurso elevado, que tolera sobretudo a argúcia. Esta coloração injuriosa, que liga o discurso oratório ao discurso ordinário, introduz na tradição oratória e na literatura política um novo estilo. É neste sentido que Tinianov define a outra face do discurso paródico de Lenin: contraposição de uma tradição fresca e nova à tradição historicamente constituída. Esta abordagem não só reflete sua noção de tradição como luta, marca de seus estudos sobre a paródia, como também fertiliza o terreno que seria trabalhado posteriormente por Bàkhtin e seu grupo.

Bakhtin chega a referir-se a uma modalidade discursiva muito próxima desta usada por Lenin e examinada por Tinia-

---

6. Dentro da nossa proposta de levantamento de posturas dialógicas nas formulações do Formalismo Russo, achamos oportuno referir aqui como Eisenstein traduziu visualmente o desmascaramento da palavra nivelada a que se refere Tinianov. "A célebre seqüência dos deuses em *Outubro* é o melhor exemplo eisensteiniano de como um sentido generalizante pode ser obtido a partir da justaposição de imagens singelas. A marcha de Kornilov sobre Petrogrado foi realizada sob a bandeira '*Em nome de Deus e da Pátria*'. A partir dessa expressão '*Em nome de Deus*', Eisenstein faz desfilar diante de nossos olhos uma série de imagens de ídolos religiosos, desde o cristo barroco de ouro até o tosco deus de madeira de

57

nov. Não a situa, entretanto, no plano do discurso citado do outro, mas no plano do discurso refletido do outro que permanece fora dos limites do discurso do autor. É quase impossível ler a análise de Bakhtin sem rememorar frases inteiras de Tinianov. É só conferir:

> Na estilização e na paródia, isto é, nas duas variedades precedentes ao terceiro tipo, o autor emprega as palavras propriamente ditas de um outro para expressar as suas próprias idéias. Na terceira variedade, a palavra do outro permanece fora dos limites do discurso do autor, mas este discurso a leva em conta e a ela se refere. Aqui a palavra do outro não se reproduz sem nova interpretação mas age, influi e de um modo ou de outro determina a palavra do autor, permanecendo ela mesma fora desta. Assim é a palavra polêmica velada e, na maioria dos casos, na réplica dialógica. (...) Na polêmica velada, o discurso do autor está orientado para o seu objeto como qualquer outro discurso; neste caso, porém, qualquer afirmação sobre o objeto é construída de maneira que, além de resguardar seu próprio objetivo, ela possa atacar polemicamente o discurso do outro sobre o mesmo assunto e a afirmação do outro sobre o mesmo objeto. Orientado para seu objeto o discurso se choca no próprio objeto com o discurso do outro. (...) na polêmica velada o discurso do outro é repelido e essa repulsa não é menos relevante que o próprio objeto que se discute e determina o discurso do autor. Isto muda radicalmente a semântica da palavra: ao lado do sentido objetivo surge um segundo sentido – a orientação para o discurso do outro. Não se pode entender de modo completo e essencial esse discurso, considerando apenas a sua significação objetiva direta. O colorido polêmico do discurso manifesta-se em outros traços puramente lingüísticos: na entoação e na construção sintática [6:169-170]

O ensaio de Tinianov que examinamos, ainda que de forma esquemática, nos exibe os ingredientes de uma abordagem ideológica do discurso referendada implicitamente pelo Círculo de Bakhtin, que a ampliou e aprofundou. A constatação da interferência da voz do outro reproduz a dinâmica do processo de interação social e sua passagem para a dimensão ideológica, geradora de signos ideológicos verbalmente organizados. Além do que, a preocupação com o procedimento construtivo não deixa de ser uma preocupação de natureza ideológica, uma vez que o reino dos signos coincide com o domínio da ideologia (Volochinov). Ao travar uma rede de conexão entre o discurso

---

um povo da Sibéria. A sucessão das várias divindades diferentes produz o conceito geral de *deus*, *o salto de uma figuração cotidiana para uma imagem generalizadora extracotidiana*. Ao mesmo tempo, a ordenação das imagens, da mais rica e complexa até a mais pobre e simples, pratica um verdadeiro *desnudamento* desse conceito, de tal forma que *deus* se reduz a um simples produto da imaginação humana" [77:15].

de Lenin, Dostoiévski e Gógol através da paródia, mostrando o desajustamento entre planos lingüísticos, entre a voz do autor e a do outro, entre o estilo alto e o baixo, Tinianov estava operando a dimensão ideológica da linguagem, explorando a relação obra literária/vida social, dentro, é claro, dos limites que a orientação formalista lhe permitia.

Se por um lado Bakhtin se manteve omisso com relação a Tinianov, por outro, Miedviédiev se mostrou bastante interessado em destacar a importância das formulações tinianovianas para o aprimoramento teórico do Formalismo Russo e do pensamento crítico em geral. Ao examinar as teses formalistas no âmbito da poética sociológica [85], Miedviédiev reconheceu que o mérito de Tinianov se deve, em grande parte, ao fato de ter este elucidado, de forma precisa e meticulosa, o mecanismo gerador da dinamicidade da linguagem poética, responsável pela exclusão do automatismo que a persegue como um vírus. Para Tinianov, a dinâmica existe porque os elementos da construção poética (som, ritmo, sintaxe, semântica) se encontram em estado de luta permanente pela dominação. E a dominação de um elemento corresponderá, conseqüentemente, à deformação de uns tantos outros. (Por exemplo, a dominação da métrica ocasiona, muitas vezes, a deformação do eixo sintático-semântico.) O estatuto poético da linguagem se deve, portanto, tão-somente à existência dessa dominante.

Um sistema poético assim concebido agrada a Miedviédiev, primeiro, porque a noção de *forma* é dialetizada pela noção de *função*; segundo, por lhe permitir refutar o conceito de linguagem poética enquanto fenômeno autônomo.

Tinianov parte da noção de literatura como sistema; um sistema onde os elementos construtivos entram em correlação, e da correlação de cada elemento com os demais surge sua função em relação ao conjunto. Em outras palavras, elege-se a dominante. Essa correlação, entretanto, não se restringe apenas ao processamento interno gerador da dominante. O que está na mira de Tinianov é a busca de dispositivos de inter-relacionamento entre a literatura e os outros campos da cultura; ou, para ser fiel a sua terminologia, a correlação entre "série literária " e a "série social". Esta formulação pode com proveito ser confrontada com o empenho de Miedviédiev no sentido de direcionar a atividade crítica para o relacionamento com outras disciplinas. Quando Tinianov mostra que a instância de interação entre o social e o literário é o material verbal, sentimos a aproximação entre os dois teóricos, visto que Miedviédiev registrou em seu estudo que o interrelacionamento das disciplinas deveria ser reflexo da interação de seus objetos [85:18].

A dominante engendrada por este mecanismo põe em evidência aquilo que é, para Miedviédiev, a própria essência do fazer poético, a saber, sua *construção*. É a construção que *torna* a linguagem poética. A concepção de um sistema especial de linguagem para a poesia lhe aparece como uma noção controvertida, complexa e confusa, na medida em que não se trata sequer de um conceito dialetológico. (Lembramos que, no terreno das investigações bakhtinianas, a palavra individual só é identificada como construção poética de acordo com seu contexto dialógico, vale dizer, a interação verbal.) Por isso Miedviédiev coloca a definição lingüística e as qualidades poéticas como duas faces da mesma moeda. O fenômeno lingüístico, ou cada elemento da linguagem, é virtualmente poético; é a construção que se encarrega de revelar a poeticidade de uns em detrimento de outros.

A leitura cuidadosa que Miedviédiev faz das teorizações de Tinianov, nos permite acompanhar a trajetória deste pensamento semiótico matizado pela dialética. Assim verificamos que a ansiosa tentativa de encontrar uma categoria que transcendesse os princípios dogmáticos do primeiro Formalismo (Tinianov se engaja ao movimento no limiar da década de vinte) representa a necessidade de reverter para o domínio teórico aquilo que fora prática constante dos formalistas desde o início de suas atividades: a interação da literatura com outros sistemas significantes. De fato, o Formalismo Russo estivera durante toda a sua existência sintonizado com as manifestações de vanguarda, e é em nome da poesia futurista que se constitui teoricamente. A análise correlativa de Tinianov torna-se uma via de acesso a esta vivência semiótica a que os formalistas estavam acostumados. Tinianov, Chklóvski e Eikhenbaum se comprometeram com o novo, a ponto de se lançarem na luta pela transformação do "cinema", o novíssimo veículo de expressão da era industrial, em "cinematografia", encontrando nos procedimentos desta linguagem muito daquilo que defendiam no campo da literatura[7]. Ignorar esta vivência é ignorar não só a

---

7. Em seu ensaio "O Princípio Cinematográfico e o Ideograma", "Eisenstein parece distinguir entre *cinema*, indústria cinematográfica, e *cinematografia*, linguagem própria do cinema". (Nota do organizador, Haroldo de Campos, ao ensaio que integra a coletânea *Ideograma: Lógica, Poesia, Linguagem*, [46:165]).

vinculação do Formalismo Russo com a efervescência cultural da Rússia nos anos vinte, como também amputar partes vitais de seu organismo. Mesmo sem o dizer, Miedviédiev parece ter consciência de que muitos dos princípios formalistas são formas de insubordinação a qualquer fazer artístico cristalizado pela ideologia dominante.

5. DIÁLOGO E POLÊMICA. ESTRANHAMENTO E CARNAVALIZAÇÃO

Os formalistas parecem não ter ignorado que o fenômeno cultural não se transforma por meio dos mesmos dispositivos que modificam as mais sólidas estruturas sociais. Ainda que desenvolvessem toda uma teoria seguindo os passos dos movimentos de vanguarda, o pensamento formalista revela uma certa afinidade com a concepção leniniana com relação ao mecanismo da renovação cultural.

> É possível [dizia o líder bolchevique] conseguir uma vitória política em poucas semanas em épocas de crises agudas. É possível obter vitória numa guerra no prazo de alguns meses. Todavia, é impossível obter vitória cultural a curto prazo [73:115].

Seguindo esta orientação, pode-se deduzir que o nascimento de uma nova cultura (a que o Partido chamava de "cultura proletária") seria, necessariamente, um fenômeno carregado de ambivalências. Num primeiro momento, o projeto cultural proletário seria submetido à assimilação mesmo dos procedimentos da cultura burguesa; vencida esta etapa, haveria, então, uma ruptura total com os elementos de tal cultura.

O Formalismo Russo adotou semelhante postura no enfrentamento das obras do passado (note-se bem que para os formalistas o passado não era referido apenas devido ao teor ideológico. O passado deve ser aqui entendido como o sinônimo de toda uma tradição). Os teóricos formalistas acreditavam ser imprescindível a valorização das obras do passado, de modo a buscar nelas o fundamento das articulações inovadoras das obras de vanguarda. Nesse sentido, os procedimentos literários seriam, acima de tudo, fenômenos carregados de historicidade.

Nesta linha de pensamento em que o novo passa a ser concebido como o espaço de tensões entre o passado e o presente, os produtos culturais surgem como fruto de uma montagem: o passado nunca desaparece, entra reinterpretado no presente numa operação dialética. Assim se expressaria Chklóvski anos mais tarde ao defender a noção de História desenvolvida pelo Formalismo Russo. Os formalistas jamais negaram a História, apenas a montavam de forma nova. Aliás um dos imperativos que se impôs a alguns deles foi o encaminhamento dos estudos literários para uma área em que esta remontagem da história fosse auto-evidente, organicamente constituída enquanto fenômeno literário. Os que nisso se empenharam (Tinianov e Chklóvski principalmente) encontraram no fenômeno paródico o expoente de historicidade do fato literário e de seus procedimentos composicionais. O exame do fenômeno paródico e sua historicidade nos levará à face declaradamente polêmica do confronto Formalismo Russo / Círculo de Bakhtin. Estamos nos referindo, evidentemente, ao confronto das proposições teóricas de V. Chklóvski, o mais arrojado formalista, com Bakhtin.

No âmbito das investigações formalistas de Chklóvski e Tinianov, o conceito de paródia, seguindo a orientação de uma abordagem sincrônica, representa a possibilidade de ressuscitar as obras do passado naquilo que elas tiveram de mais revolucionário, e, por isso mesmo, tornaram-se vivamente atuais. Como vimos anteriormente, Tinianov encontrou no estilo de Dostoiévski uma paródia do estilo gogoliano no livro *Trechos escolhidos de correspondências com amigos*. Chklóvski, por sua vez, descobre na poesia futurista a escritura de Sterne, Tolstói, Dostoiévski, e, até mesmo, Cervantes, Rabelais e Aristófanes, o que lhe fornecerá um farto material para a análise do fenômeno paródico.

O conceito de paródia em Chklóvski guarda um vínculo muito estreito com o conceito de estranhamento. Paródia, para o teórico formalista, corresponde a um mecanismo de inversão, que, por sua vez, pressupõe todo um processo de ruptura com as operações automatizadas da linguagem. É desta perspectiva que Chklóvski empreenderá uma análise do *Tristram Shandy* de Sterne, criando assim os elementos fundamentais de sua concepção do fenômeno paródico. Segundo Chklóvski, esta narrativa apresenta um rompimento com as formas canonizadas de escritura romanesca. Nela o material e o procedimento estão em profunda tensão, causando inovações do tipo: inversão entre capítulos (o 297 e o 298 são colocados depois do 304); deslocamento do prefácio para o desenvolvimento e, principalmente, esgarçamento do fio narrativo para a inclusão de histórias incidentes (aquelas que se implantam na narrativa por evocação do herói da intriga de base e, afinal, acabam por intervir no fluxo da história principal) [31:212]. Aliás, como bem colocara Chklóvski, a narrativa fragmentária – prática marcante de Cervantes no seu *D. Quixote* – é um forte expediente para o surgimento da paródia. Em *D. Quixote*, por exemplo, verifica que as histórias incidentes se introduzem segundo o princípio do "manuscrito descoberto": o herói da intriga central o lê enquanto obra de outro descoberta por ele [31:120]. Este tipo de discurso, Chklóvski classificou como um processo não automatizado de composição. A inclusão de histórias incidentes cria um desnível na matéria discursiva, fazendo com que o texto paródico se articule através da qualidade diferencial da linguagem poética, ou seja, o estranhamento. É por tudo isso que Chklóvski concebeu as tensões lingüísticas da poesia futurista como algo semelhante à narrativa fragmentária de Cervantes e Sterne.

O tipo de relação paródica existente entre o texto de Sterne e Cervantes e a poesia futurista é definida por Chklóvski como manifestação da semelhança na diferença Existem obras que cumprem o caminho inverso, aproximando-se numa relação de dessemelhança do similar, como acontece com Tolstói em relação a Sterne.

> O estilo do jovem Tolstói pode ser comparado com o estilo de Sterne como um exemplo de não coincidência do semelhante, como exemplo de diferença do similar, sem esquecer que essa dissimilitude era intencional em Tolstói-autor.[Enquanto] os fragmentos narrativos estão propositadamente fora de lugar, a intriga se converte em protagonista. Tolstói caminha em linha reta, organiza suas descrições em grandes fragmentos, ainda que distintos, mostra o movimento dos homens, examina a vida com uma atenção sentimental, mas põe a descoberto algo que Sterne desconhe-

cia ao separar a psicologia das personagens da motivação de sua conduta [29:34][1].

Excedendo o domínio da teoria chklovskiana e enfocando a questão pela ótica da poética histórica do Círculo de Bakhtin, nos colocaremos ante o mais singular caso de polifonia narrativa. Em *D. Quixote*, por exemplo, Chklóvski observa que o discurso das personagens se constitui num forte dispositivo que impulsiona a ação, anunciando um novo conteúdo. O próprio discurso é índice da modificação das personagens. Se, inicialmente, o herói de Cervantes aparece como um desmiolado, aos poucos vemo-lo se armar de um discurso sábio, apropriando-se da sabedoria dos livros e do mundo. De modo análogo, mas na direção inversa, Sancho se apropria da sabedoria do folclore, trazendo para a narrativa uma enormidade de expressões populares [31:114]. A tônica do discurso paródico em Chklóvski recai sobre os procedimentos marcados pelas tensões lingüísticas do discurso multiforme e incongruente das personagens.

Não temos conhecimento de que Bakhtin se tenha servido da noção de estranhamento (*ostraniênie*) para dissecar a estrutura discursiva do romance polifônico. Volochinov, por sua vez, se utiliza do termo estranhamento para traduzir o impacto que o discurso citado (o discurso de outrem) provoca na matéria discursiva.

As palavras e expressões de outrem, integradas no discurso indireto e percebidas na sua especificidade (particularmente quando são postas entre aspas) sofrem um "estranhamento" para usar a linguagem dos formalistas; um estranhamento que se dá justamente na direção que convém às necessidades do autor: elas adquirem relevo, "sua coloração" se destaca mais claramente, mas ao mesmo tempo elas se acomodam aos matizes da atitude do autor – sua ironia, humor etc. [128:131][2].

1. O original russo da obra de Chklóvski intitula-se *Tetivá – O nieskhódstvie skhódnovo* (*A corda do arco – sobre a dessemelhança do semelhante*) (Moscou, Soviétski Pissátel, 1970). No prólogo à edição espanhola o autor justifica este título como sendo a síntese da concepção de arte que sempre esteve presente em seu espírito, ou seja, a arte como um fenômeno dinâmico. Diz ele: "A corda do arco é um modo de acumular energia que posteriormente será colocada em movimento de acordo com nossa vontade" [29:11].
2. F. Kothe, que estudou a relação entre Formalismo Russo e Círculo de Bakhtin entre nós, afirma que "o conceito de estranhamento não é só a dominante do sistema de todo o Formalismo Russo. Ele é a base do conceito bakhtiniano de dialogismo e, daí, dos conceitos de carnavalização, polifonia, intertextualidade, monologismo, paródia, estilização paródística".

Kothe argumenta que o conceito de estranhamento enfatiza a não-

Em seu estudo sobre Rabelais, Bakhtin se refere ao *Tristram Shandy* de Sterne, mas se limita a ressaltar a importância de Sterne para a retomada da linguagem grotesca na prosa romanesca, ao se apoiar nas tradições da Renascença, sobretudo em Shakespeare e Cervantes. Nem mesmo quando arremata as teses do romance polifônico de Dostoiévski, Bakhtin chega a se referir à escritura de Sterne, menos ainda ao estudo de Chklóvski. Um e outro teórico se omitem no plano das investigações comuns. Chklóvski também não chega a observar as tensões lingüísticas do discurso paródico a nível da linguagem carnavalizada, como veremos mais adiante. O encontro dialógico entre Bakhtin e Chklóvski é de natureza polêmica, defrontando-se no plano das diferenças. Bakhtin encontra Chklóvski já na condição de ex-formalista, reportando-se com simpatia a seu estudo *Pró e Contra*[3], sobre o discurso polifônico em Dostoiévski. Chklóvski, nesse estudo, é um teórico empenhado na abordagem sociológica da literatura. Achamos oportuno abrir parênteses para acompanhar o percurso que levaria Chklóvski do Formalismo ao abominado sociologismo oficial, e deste, ao encontro da poética sociológica de Bakhtin.

Após o período de efervescente polêmica, os formalistas mais convictos, Eikhenbaum, Chklóvski, por exemplo, se mostraram insatisfeitos com o tratamento demasiadamente intrínseco do fenômeno literário, ainda que temerosos face às investidas do sociologismo oficial. "Assustava-os tanto o estudo da ideologia da classe do escritor como a tendência a deduzir formas literárias da estrutura sócio-econômica" [48:179]. Entretanto, seja pelas imposições ideológicas do momento histórico, seja pela incapacidade de estes formalistas sustentarem com maior rigor suas proposições, tentando estender os princípios formais para o domínio ideológico (o que lhes exigiria uma

---

identidade na mímese. Assim lhe surgiu formulada a questão: "O Formalismo Russo constitui paradoxalmente a identidade de seu sistema teórico e analítico na categoria da não-identidade, que, sob o nome de estranhamento, é a dominante estruturadora de todos os seus elementos. Esqueceu-se, porém, da dialética entre identidade e não-identidade; quando se lembrou, acabou a Escola. O conceito de dialogismo, que é a dominante no sistema de Bakhtin (mas não no assim chamado 'Círculo de Bakhtin'), é o estranhamento que relembra o elemento estranhado" [67:166-67].

3. V. Chklóvski, *Za i protiv, Zametki o Dostoievskom*, Moscou, Soviétski Pissátel, 1957.

consistência ideológica austera, coisa de que eles não eram dotados), o certo é que caíram na armadilha que eles próprios construíram. A adesão ao sociologismo significou a interrupção, de uma vez por todas, do processo que levaria à convergência entre o aspecto formal e sua dimensão ideologica.

Aquilo que se convencionou chamar de "superação do Formalismo" nada mais é do que um refluxo das conquistas primordiais na área da investigação literária de natureza semiótica. Em 1930, Chklóvski se rende, desautorizando publicamente a doutrina da OPOIAZ. Ao invés de adentrar o circuito da ciência das ideologias (Miedviédiev), Chklóvski e Eikhenbaum enveredam pelo sociobiografismo, passando a se ocupar das relações (tensões) entre gênero e classe social (Chklóvski), e entre o escritor e seu público (Eikhenbaum). Com o ensaio "Literatura e hábitos literários" (1927), Eikhenbaum se lança na área da crítica sociológica. Nos hábitos literários (*literatúrnii bit*) o formalista encontra a ponte que levaria os estudos literários às considerações de ordem social, bem como às relações entre o escritor e seu público, às condições de seu trabalho, à situação e mecanismo do mercado literário. Questões bastante distanciadas daquelas que diziam respeito ao objeto literário e sua materialidade, contudo, parece cabível supor, próximas do que hoje conhecemos por Estética da Recepção. Postura antecipatória? Talvez. Se bem que V. Erlich tenha entendido esta atitude de Eikhenbaum como a prática de um "sociologismo imanente" que,

ao invés de converter a ciência literária numa parcela da história social, como era o caso de alguns teóricos marxistas a sociologia era injetada na literatura, traduzindo-a, por assim dizer, em termos literários. A literatura, mais que parte integrante da construção social, ou resultado de forças exteriores, torna-se uma instituição social, um sistema econômico com plenos direitos. O escritor aparece não como um membro de uma classe social, no sentido marxista do termo, seja classe média, burguesa ou proletária, mas, antes de mais nada, como um representante do profissional em literatura [48:126].

Se num primeiro momento os problemas sociobiográficos são um antídoto ao princípio da linguagem poética, para o Chklóvski que buscava superar o Formalismo, a teoria dos hábitos literários de seu colega Eikhenbaum se transforma na "mais sólida abordagem do estudo autenticamente científico dos processos literários" [48:127]. Chklóvski, que encontrara a arte no procedimento, entretanto, só consegue chegar à ideologia, ainda que de forma escamoteada, dando voltas por cima, fato um tanto estranho para quem objetivava torna-se um marxista[4].

Não se está querendo dizer que as posições formalistas iniciais estavam livres de qualquer questionamento, sendo postulados fixos e imutáveis. Ao contrário. Era iminente uma revisão dessas proposições. Todavia,

> o que se reivindicava era um esquema crítico que, salvaguardando os centros de interesses do primeiro Formalismo, fosse capaz de relacionar a literatura com outros domínios da cultura; um esquema suficientemente flexível para fazer justiça às múltiplas facetas da produção literária e suficientemente integrado para refletir a unidade básica da estrutura estética [48:132].

Ou seja: desenvolver aquilo que Miedviédiev chamara de relacionamento interdisciplinar via interação de objetos. As teses de 28, assinadas por Tinianov e Jakobson [116:95-7], mesmo repudiando o Formalismo doutrinário e o casuísmo mecânico – um por abstrair a série estética dos demais campos da cultura, outro por negar dinamismo interno a cada campo concreto – não foram suficientemente consistentes nesse sentido. Aliás, a própria noção de série (de matiz husserliana) se converte num grande obstáculo à articulação orgânica dos produtos culturais, visto trazer em si uma noção compartimentalizada destes fenômenos.

Chklóvski na condição de ex-formalista nega sua teoria do estranhamento. Segundo lhe parecia, o processo de deformação da linguagem para a apreensão do artítisco era incompatível com a literatura do fato real (*literatura facta* ou *factografia*), gênero dominante no período pós-guerra civil, adotado principalmente pela *Lef*[5]. Nada mais falso. O documentário cinemato-

---

4. Em 1930, quando de sua retratação sobre o Formalismo, Chklóvski presta o seguinte depoimento no seu artigo "Pamjatnik naucnoj osibke" (Monumento a um Erro Científico), *Literaturnaia gazeta*, 27, I, 1930: "O Formalismo é, para mim, um caminho deixado para trás, superado em algumas etapas. A etapa mais importante foi chegar a reconhecer a função da forma literária. Do método formal restou uma terminologia, da qual todos se utilizam. Restou, além disso, um conjunto de observações de natureza técnica. Na pesquisa da evolução literária a nível social, é totalmente inútil um diletantismo sociológico. Absolutamente necessário é adquirir todo o método marxista. Tenho a pretensão de ser um marxista, pois não há filiação a métodos. Estes querem ser dominados e elaborados".

5. *Lef*, abreviação de *Lévü Front* (grupo de esquerda), periódico do grupo futurista liderado por Maiakóvski, fundado em 1923.

gráfico foi um gênero que sustentou toda a atividade artística pós-revolucionária, mas não impedia em hipótese algum as experimentações de linguagem. Basta lembrar o fenomenal *kinoglaz* (cine-olho) de Vertov, que teve por principal objetivo o registro dos fatos na película. Mas pensar esse registro como um reflexo ou transparência dos acontecimentos concretos é algo que jamais passou pela cabeça do grande cineasta. "O cine-olho" [nos adverte Vertov] "é cinema-decifração do mundo invisível que é inacessível à retina". Seu método, baseado em estudo científico-experimental, considera fundamentalmente dois pontos: "fixação planificada da vida sobre a película e organização planificada do cine-material documentário que aí é fixado" [124:120]. A concepção de montagem subjacente a todo esse processo desmistifica a concepção do filme como reprodução fiel da realidade. Nada mais estranho à retina do que os fatos rolando supersonicamente em planos gerais picotados. Chklóvski não estava alheio a tudo isto, contribuindo com roteiros e teoria sobre a cinematografia.

Todo o frenesi das polêmicas do Chklóvski formalista tornam-se pesadas dúvidas na sua maturidade, expressas principalmente em *A Terceira Fábrica* (1926) e *Monumento em Memória de um Erro Científico* (1930), onde aponta que o erro básico de sua teoria foi a separação de literatura das forças sociais subjacentes. Embora consciente de que a terminologia formalista invadira e conquistara a teoria da arte em geral (o estranhamento torna-se processo de composição dominante de toda linguagem com sabor de novidade, seja cinema, artes plásticas, teatro, propaganda), Chklóvski afirma que quando introduzira a noção de "arte como procedimento" (1916) não deixara claro o que era exatamente o procedimento.

> Os gregos sabiam melhor do que eu; davam o nome de "esquêmata" aos elementos essenciais de uma obra, que correspodiam ao movimento do ginasta previamente codificado. Os gregos introduziram o conceito de modelos comprovados, e, naturalmente, não pensavam que os "esquêmata" constituíssem a essência da obra ou que a combinação dos "esquêmata" resultassem numa obra de arte [28:100].

E Chklóvski se interroga:

> Abriram os formalistas uma nova era no pensamento crítico russo, ou foram a conclusão de um antigo? Fomos a semente ou a copa da árvore? [48:131, nota 44].

Vale transcrever neste espaço o longo depoimento de Chklóvski, uma autocrítica de sua atividade como formalista.

> Maiakóvski conseguiu reformar o verso russo porque havia proposto representar o mundo novo. Muitos dos membros da Opoiaz ou que estiveram vinculados a ela, adotaram uma atitude correta até a revolução. Brik, antes de outubro, já havia começado a dizer que era necessário publicar os tratados secretos. O mesmo dizia Lev Iakubínski. Eu havia adotado uma atitude distinta no periódico *Iskusstvo kommúni* (Arte da Comuna), me empenhava em demonstrar a plena independência da arte e do desenvolvimento da vida. Minha teoria errônea era a do gênero poético que se autodesenvolve. Não vale a pena desculpar-se vinte anos depois. Sou culpado de haver criado uma teoria limitada em meus conceitos de então, e com ela, de haver tornado difícil sua compreensão. A única coisa que posso dizer em minha defesa, ainda que só a título de comentário, é que desde aquela época trago comigo muitas feridas. Naturalmente poderia explicar a lógica de minha carta à *Arte de Comuna*. Dizia que a arte não tem nada a ver com a política. Quando se estava desenvolvendo a ofensiva a Vranguel[6], combati contra ele, mas então não era comunista e me defendia encerrado em uma torre *sui generis*: na rua Táurida (residência de Viatcheslav Ivanov)[7] havia uma torre parecida, onde se diziam versos e se comiam fritas. Uma concepção errônea do mundo deformou a teoria, ou melhor, criou uma teoria errônea. Também deformou a vida [30:125].

Victor Erlich, numa intervenção certeira acerca desta confissão "cristã" de Chklóvski, vazada de *mea culpa* por todos os lados, conclui por nós o significado da virada formalista:

> os esforços de Chklóvski, Eikhenbaum e seus discípulos em acabar com o separatismo estético eram *per se* um fenômeno animador. Desgraçadamente, o que se ganhou em amplitude de visão, se perdeu em precisão de enfoque, em clareza de fórmulas teóricas. O "deslocamento" do Formalismo não significou tanto um movimento até um esquema crítico mais compreensível e flexível, como uma retirada acidentada e fragmentária de uma posição claramente insustentável [48:185;67:171-72].

Chklóvski sempre manteve um diálogo vivo e intenso com as obras e a crítica literárias. Dialogou e polemizou com a tradição. De certa forma, esse contato se transformava em títulos atribuídos às suas teorias e análises. Assim, a seu estudo sobre Dostoiévski atribuiu o título de *Pró e Contra*, que é um subtítulo de um dos livros do romance *Os Irmãos Karamázov*. Já

---

6. Piotr N. Vrangel, general russo que lutou contra os bolcheviques.

7. Viatcheslav Ivanov, poeta do Simbolismo russo.

suas memórias escritas quando emigra para a Alemanha, a exemplo do romance de Sterne, foram reunidas num volume intitulado *Jornada Sentimental*. Esta capacidade dialógica, muitas vezes polêmica, outras tantas paródica (paródia aqui no sentido que lhe imprimiu Haroldo de Campos de "canto paralelo"), se transforma em um forte aval no confronto de Bakhtin, já que para este "tudo na vida é diálogo", principalmente a atividade crítica. O diálogo direto entre os dois teóricos está registrado em duas obras: no seu livro sobre Dostoiévski, Bakhtin serve-se dos estudos de Chklóvski sobre o romancista; Chklóvski, por sua vez, dedica um capítulo de seu *A Corda do Arco* [29:241-79] para discutir o livro de Bakhtin sobre Rabelais.

Vamos por partes.

Ao apresentar um panorama da crítica que se ocupara das obras de Dostoiévski, Bakhtin destaca o livro de Chklóvski *Pró e Contra* dentre os que trataram do aspecto polifônico de seus romances. A tônica deste estudo, como procurou deixar bem claro o próprio Chklóvski, não é a análise dos caracteres estruturais responsáveis pela polifonia, mas sim o levantamento dos conflitos sócio-biográficos que interagem nessa estrutura.

A particularidade de meu trabalho [afirma Chklóvski] não é o realce destas particularidades estilísticas [leia-se a multiplicidade de vozes em confronto na narrativa] que considero axiomáticas e o próprio Dostoiévski assinalou-as em *Os Irmãos Karamázov*, denominando um dos livros da obra *Pró e Contra*. Eu tentei explicar outra coisa: o que provoca este conflito sobre o qual se elabora a forma literária de Dostoiévski e, simultaneamente, onde está a universalidade de seus romances, isto é, quem agora se interessa por este conflito [29:255].

Somente um destes dois aspectos foi aproveitado por Bakhtin; outro foi motivo de polêmica.

O levantamento da história das formas composicionais e de sua ideologia traz como contribuição para a tese do romance polifônico, em elaboração por Bakhtin, a possibilidade de se estabelecer relações entre o conflito das vozes em interação no plano narrativo e no contexto dialógico dos indivíduos socialmente organizados na comunicação diária. Esta visada, induzida pelo postura sociologizada de Chklóvski, provoca o elogio de Bakhtin, que assim se manifesta:

Chklóvski mostra naquela forma muito viva e penetrante que lhe é peculiar a polêmica entre as forças históricas, entre as vozes da época – social, política e ideológica – que se faz presente em todas as etapas da trajetória artística e da vida de Dostoiévski, que penetra em todos os acontecimentos da vida do romancista e organiza tanto a forma quanto o conteúdo de todas as suas obras [6:31-32].

Desta polêmica (diálogo) entre as vozes da época, Chklóvski extrai duas teses que mais parecem formulações bakhtinianas: o caráter inconcluso dos diálogos geradores da multiplicidade de vozes e a conseqüente natureza dialógica de todos os elementos da estrutura romanesca. É para esta conclusão de Chklóvski que se direcionou todo o foco de atenção de Bakhtin.

Porém as formulações de Chklóvski caminham no sentido de provar a relação entre o gênero e o dado sociobiográfico, postura totalmente avessa aos interesses bakhtinianos. Assim, Chklóvski chega à concepção de que o inconcluso é uma decorrência histórica, visto se apoiar em conflitos determinados pelo momento histórico. É por isso que "o final de uma novela significa para Dostoiévski o desmoronamento de uma nova torre de Babel". E nisso residiria a universalidade de seus romances. E Chklóvski acrescenta:

eu também considero importante que os conflitos revelados por Dostoiévski sejam insuperáveis; a humanidade os está vivendo agora porque sua fixação deu-se num momento determinado [29:255].

O ponto de discórdia entre Bakhtin e Chklóvski com relação a Dostoiévski está relacionado com este problema da universalidade dos seus romances. A análise de Chklóvski sobre a inconclusibilidade autoriza-o a afirmar que "Dostoiévski morreu sem nada resolver, evitando os remates e sem se reconciliar com o mundo" [6:31].

Ao que Bakhtin contesta:

devemos ressaltar que se Dostoiévski morreu "sem nada resolver" entre as questões ideológicas colocadas pela época, no entanto, morreu após haver criado uma nova forma de visão artística – o romance polifônico, que conserva o seu valor artístico mesmo quando já é coisa do passado a época com suas contradições [6:32].

Note-se que a universalidade aqui não é uma questão dos conflitos que não se superam com o tempo, mas é decorrência da forma que se elabora à luz desses conflitos, sendo deste modo historicizada. Com isso, Chklóvski se distancia do âmbito de preocupação de Bakhtin para se aproximar mais estreitamente da análise sociológica que Lunatcharski, por exemplo, desenvolveu sobre o assunto. Sem entender que a polifonia reproduz a dinâmica da interação verbal entre os indivíduos, transposta para a estrutura narrativa, é natural que Chklóvski considere axiomática esta particularidade composicional e estilística desenvolvida pelo romancista.

Com este espírito sociológico, Chklóvski faz a leitura da obra de Bakhtin sobre Rabelais. O ex-formalista concorda que a paródia e a carnavalização sejam os fenômenos organizadores de *Gargantua e Pantagruel*; todavia mostra-se em desacordo quanto à conceptualização desses fenômenos que Bakhtin faz derivar da respectiva análise.

Chklóvski vê importância e interesse naquilo que Bakhtin disse sobre o livro de Rabelais, principalmente por mostrar todo o relacionamento da obra com os carnavais e as paródias populares. Porém se ressente de que Bakhtin não tenha apontado claramente contra quem a paródia se dirige.

Partindo da noção de paródia como inversão, o procedimento paródico será identificado por Chklóvski como aquele capaz de romper com as formas canonizadas de composição, respeitando, assim, sua concepção de evolução literária não como uma corrente ininterrupta ou como a herança de um determinado patrimônio, mas como um processo de substituição de formas que combatem entre si. A obra de Rabelais se revela, neste sentido, como uma obra que descreve, parodiando-o, um mundo de magos, gigantes e cavaleiros, colocando-se basicamente contra dois gêneros constituídos ao longo da tradição: num plano mais afastado está a Bíblia, num mais aproximado estão as novelas de cavalaria.

Realmente, Bakhtin não coloca a paródia na perspectiva das novelas de cavalaria, se bem que destaque, igualmente, a concepção de Gargantua e Pantagruel como gigantes. Na abordagem de Bakhtin, a paródia se inscreve na perspectiva cômica popular como a alteridade composicional dos gêneros consolidados pela tradição; é por esta via que se confronta com a cultura oficial. Aqui a paródia também é inversão, mas uma inversão mais acentuada, cobrindo não apenas os gêneros, como também os planos culturais antagônicos. Este vínculo com o popular explica o caráter não literário da obra rabelaisiana e determina, ao mesmo tempo, o conjunto de seu sistema de imagens e sua concepção artística.

Existe uma não-conformidade das imagens rabelaisianas com os cânones e regras da arte literária em vigor desde o século XVI. De acordo com este sistema imagético, o gigante Pantagruel, diferentemente dos gigantes bíblicos e heróis medievais, que se destacavam por sua força física e sua ligação com o senhor, conserva seus traços grotescos. Por ser definido como uma concepção estética fundada no sistema de imagens da cultura cômica popular e por se ligar ao princípio material e corporal, o grotesco é o único fenômeno capaz de explicar o gigantismo do personagem de Rabelais, que, como todo elemento corporal, é em si magnífico, exagerado, infinito e universal. As imagens grotescas não se originam de uma única fonte. Segundo Bakhtin, tanto as lendas, as histórias folclóricas, as festas populares como as obras literárias inspiradas pelas maravilhas da Índia, que exerceram uma influência decisiva nos romances fantásticos da Idade Média e da Renascença, são valiosas contribuições à constituição desse sistema de imagens.

A imagem grotesca jamais se apresenta como um fenômeno acabado. Seu estado permanente é o de mudança, de metamorfose, reunindo a um só tempo os dois pólos em transformação. Daí seu caráter ambivalente. É por esta razão que Bakhtin concebeu a paródia como um filão da literatura grotesca. Na estrutura do discurso paródico se entrecruzam níveis de linguagem diversos que se equiparam, ainda que conservem sua individualidade. Cria-se uma nova linguagem e um outro mundo, um mundo às avessas, onde o velho dá lugar ao novo, o nascimento à morte, e vice-versa. Temos assim definida a estrutura básica daquilo que Bakhtin denominou de carnavalização da linguagem literária. Tal como o espetáculo carnavalesco, marcado pelo sincretismo de uma linguagem calcada em fórmulas simbólicas concretas e sensuais, onde as relações apareceram invertidas, a carnavalidade representa a possibilidade de o discurso tornar-se ambivalente e incorporar o outro. Um discurso não absolutizado numa categoria única.

Chklóvski não discute o vínculo da obra de Rabelais com o grotesco, a espinha dorsal do livro de Bakhtin. E se pergunta sobre o que distingue as diversas manifestações carnavalescas daquilo que Bakhtin denomina carnaval.

A teoria de Bakhtin sobre a carnavalização é suscetível de interpretações controvertidas. Em primeiro lugar, ele nos propõe pensar a literatura e a atividade crítica do ponto de vista do Outro, em cujas formas expressivas não aparece o rótulo da oficialidade. Nesse sentido, ele recorre ao carnaval por ser este uma festa democrática, cujos ritos são marcados pelo destronamento do velho e entronização do novo, o que garante o reinado da cultura marginal às formas do poder. Mas Bakhtin não estuda o carnaval. Ele se ocupa da cosmovisão carnavalesca, da fenomenologia de suas formas expressivas. Ele não perde em nenhum momento o seu objeto, ou seja, a linguagem carnavalizada. Daí inscrever suas investigações teóricas no campo da poética histórica, aquela que é escrita pelas forças sociais em luta no sistema econômico. O carnaval só interessa a Bakhtin por ser o único espetáculo em que os conflitos sociais afloram e a voz do Outro pode ser ouvida. São conflitos carnavalizados porque são ambivalentes e ricos em formas expressivas [5:218 e ss.].

Chklóvski não se coloca na perspectiva do Outro e contra-argumenta ressaltando que nem todo conflito se apresenta carnavalizado. Lembra que na Grécia antiga, por exemplo, os "conflitos carnavalescos" coincidiam com determinadas datas: a colheita era uma delas. Bem, aqui se impõe uma outra leitura do carnaval que não é a de Bakhtin, embora este não ignore que os ritos carnavalescos e o sincretismo das linguagens traduzidas em formas simbólicas tenham suas raízes antropológicas e etnográficas. No livro sobre Rabelais chega a se referir às festas agrícolas e sua ligação com a vida dos homens. Mas não é este o caráter que pretende dar ao carnaval e sua manifestação na linguagem literária. Paradoxalmente, Chklóvski recorre à antropologia para levantar questões sobre a leitura de Bakhtin que, repetimos, não privilegia o enfoque antropológico. Recorre a B. Malinóvski e J. Frazer para demonstrar a relação do carnaval com o trabalho sazonal[8]. Mas é através de Adrian Piotróvski, dramaturgo, tradutor e teórico de cinema, que Chklóvski expõe a questão da carnavalização literária, tal como lhe parece ser uma interpretação correta em se tratando de Rabelais. Piotróvski informa-lhe que foram as comédias gregas que tiveram o mérito de reproduzir toda a virada social que se processava nas festas primaveris. Não é por mero acaso que Aristóteles define a comédia como sendo originada das cantigas fálicas entoadas pelos agricultores durante estas festas de inebriante liberdade e triunfo sobre a existência, que punham tudo de pernas para o ar. Aristófanes representou tudo isso em suas peças. Os últimos se tornavam os primeiros; as mulheres, senhores; os homens, criados (*A Assembléia das Mulheres*); as aves se tornavam deuses e os deuses o nada (*As Aves*); os velhos se tornavam meninos e os meninos, educadores (*As Abelhas e As Nuvens*).

---

8. Chklóvski cita, basicamente, dois estudos antropológicos sobre a relação do carnaval com o trabalho sazonal: *A Vida Sexual dos Selvagens do Noroeste da Melanésia*, de Bronislaw Malinóvski, e *O Ramo de Ouro*, de James George Frazer.

Esta revolução, este deslocamento nas relações habituais é o que introjeta no carnaval ingênuo a força poderosa da alegria, o *pathos* do triunfo sobre o cotidiano, a leviandade e exuberância (29:251)[9].

Ao mostrar o deslocamento do carnaval das festas rurais para o ambiente urbano, Chklóvski tem por objetivo evidenciar o vínculo entre o carnaval de Rabelais e o de Aristófanes.

Não é que Aristófanes seja a fonte onde Rabelais se tenha saciado, [adverte o ex-formalista] mas, sem dúvida alguma, foi seu possível mentor [29:254].

Dentro da perspectiva de seu ensaio, pode-se dizer que Chklóvski aproxima Rabelais de Aristófanes porque vê nesse relacionamento a semelhança da diferença. É evidente que não queria dizer que o carnaval de Rabelais é como o grego, desprovido de conflito. Pelo contrário. Enquanto o carnaval rural corresponde a uma abertura espácio-temporal para que a verdade seja dita, via de regra o único momento em que as pessoas adquirem naturalmente o direito de dizê-la sem o risco de incorrer em ofensas, o carnaval de Rabelais é ofensivamente paródico. Não são os casos isolados que parodia, mas a Igreja, a justiça, as guerras e o direito de uns oprimirem os outros.

O carnaval de Rabelais não repete o carnaval do povo mas o redimensiona, renovando a força dos primeiros ataques da cultura popular contra a cultura dominante [29:248].

Reiterando aquilo que dissera sobre o conflito em Dostoiévski, Chklóvski quer demonstrar que o conflito carnavalesco em Rabelais é acentuadamente histórico. Por isso discorda de Bakhtin. E afirma:

se destacarmos a estrutura dos fenômenos históricos, poderemos dizer que a História se repete e, ao mesmo tempo, saberemos que ela avança. Avança dividida em repetições com orientações distintas, mas aparentemente semelhantes. Bakhtin junta as repetições e as converte em algo imóvel. O carnaval das novelas de Rabelais é um acontecimento de uma época de-

---

9. Numa nota ao pé da página, Chklóvski transcreve uma citação de A. Piotróvski segundo a qual "a comédia política, coral, carnavalesca morre junto com a democracia ateniense, junto com Aristófanes". Mesmo endossando a formulação de seu preceptor no assunto, Chklóvski insiste em ver no carnaval rabelaisiano um prolongamento paródico do carnaval grego.

terminada, criado por homens com idéias determinadas, que orientam as estruturas carnavalescas elementares, como um casaco de peles que se transforma em fantasia durante o carnaval, para atacar as velhas estruturas [29:255].

Pode-se dizer que a preocupação de Chklóvski se inscreve no domínio da investigação sociológica, onde o importante, além de mostrar o carnaval como um rito de inversão, é delimitar o tipo de inversão que se processa no plano das relações sociais historicamente determinadas. Daí não se sentir satisfeito com a abordagem de Bakhtin, julgando ter este deduzido uma articulação literária universalizante — a carnavalização — a partir da obra de Rabelais que manifestou um tipo de carnaval específico, dentro de uma sociedade específica, num determinado momento da História.

Uma tentativa de compreensão do problema apresentado por Chklóvski parece-nos existir no estudo que o sociólogo Roberto Da Matta desenvolveu, tomando o carnaval como "um rito onde o princípio social da *inversão* é aplicado de modo consistente" [34:131]. Este estudo procurou um desenvolvimento que respondesse a duas perguntas fundamentais: O fenômeno carnavalesco mantém uma identidade característica mesmo quando se trata de dois carnavais de duas sociedades diferentes? O que é, de fato, invertido em cada situação específica?

Após realizar uma análise contrastante do carnaval do Brasil (Rio de Janeiro) e dos EUA (Nova Orleans), Da Matta conclui que

é impossível estudar o ritual (do carnaval) sem levar em conta o mundo cotidiano, com seus problemas e valores. Assim, nos Estados Unidos, onde uma ideologia individualista e igualitária opera no cotidiano, permite-se que, no mundo invertido do Carnaval, a hierarquização dos grupos sociais seja abertamente admitida.

Contrariamente, no caso brasileiro, dentro de uma sociedade hierarquizada e autoritária, o carnaval é o tempo da igualdade.

A inversão carnavalesca brasileira situa-se como um princípio que suspende temporariamente a classificação precisa das coisas, pessoas, gestos, categorias e grupos no espço social, dando margem para que tudo e todos possam estar deslocados. É precisamente por poder colocar tudo fora de lugar que o Carnaval é freqüentemente associado a *uma grande ilusão*, ou *loucura*. A transformação do Carnaval brasileiro, é, pois, aquela da hierarquia cotidiana na igualdade mágica de um momento passageiro.

Não se pode acreditar, deste modo, que a inversão, presente no rito carnavalesco, seja a eliminação da hierarquia ou desigualdade, mas apenas a submissão a uma recombinação transitória [34:131-132].

Existe, na verdade, um dualismo na interpretação do carnaval e da própria noção de história nas concepções de Bakhtin e Chklóvski, o qual apenas procuraremos aflorar, já que a complexidade da questão exige um tratamento mais aprofundado, o que tentaremos realizar no capítulo seguinte.

O crítico literário, situado na perspectiva sociológica, analisa o princípio da inversão do carnaval manifestado na obra literária, tentando depreender a visão do mundo que as relações sociais determinam. A historicidade da composição será avaliada através desta correlação obra-mundo. O outro situado na perspectiva da poética sociológica, consciente do quadro sociológico inerente ao rito, busca a representação do carnaval, não enquanto visão de mundo, mas enquanto linguagem que esta visão de mundo propicia. Que outro fenômeno mais carregado de historicidade que a própria linguagem quer Chklóvski? Como o próprio Bakhtin assinalou,

as línguas são concepções de mundo, não abstratas, mas concretas, sociais, permeadas pelo sistema das avaliações inseparáveis da prática usual e da luta de classes. Por isso, cada objeto, cada noção, cada ponto de vista, cada apreciação, cada entoação encontra-se na intersecção das fronteiras das línguas-concepções do mundo, é envolvida na luta ideológica encarniçada. Nessas condições excepcionais torna-se impossível todo dogmatismo lingüístico e verbal, bem como toda ingenuidade verbal [5:467].

Para Bakhtin não era imprescindível localizar o tipo de sociedade para derivar a carnavalidade da linguagem literária enquanto forma composicional. O que lhe interessava era o fenômeno estrutural subjacente ao rito, o princípio da inversão – que, como demonstrou Da Matta, existe em qualquer tipo de manifestação carnavalesca, mesmo considerando a diversidade de sociedades em que esta manifestação ocorra.

As categorias bakhtinianas do carnaval, paródia, dialogismo, via de regra, não são estruturas composicionais que repetem um modelo de mundo da história imediata. Bakhtin está além da teoria do reflexo que condiciona uma fração considerável da crítica marxista. Suas categorias foram deduzidas à luz do materialismo dialético; procurou formas composicionais que reproduzissem o confronto que se opera na infra-estrutura econômica sem se reportar diretamente a ela, sem a pretensão de reproduzir a dicotomia forma/fundo da composição. O conceito de signo ideológico, elaborado no livro assinado por Volochinov, é a mais nítida evidência dessa postura. Sua poética histórica não retoma a linha diacrônica, como quer Chklóvski, mas busca imprimir, sincronicamente, a historicidade em suas categorias.

Marcado pela ideologia formalista que se recusa a discutir questões metodológicas (como apresentamos no início de nosso trabalho), Chklóvski tira suas conclusões baseando-se em conjecturas. Sem considerar a ligação do *modus operandi* da análise bakhtiniana das formas composicionais com o método histórico-alegórico, aquele que se esforça por detectar em alguns dos detalhes da obra uma alusão aos fatos concretos [5:119], torna-se-lhe impossível enxergar o matiz histórico da análise bakhtiniana. É exatamente isso que ocorre em Chklóvski. Daí a acusação de que Bakhtin não propõe um modelo de mundo, já que a história milenar da arte não se encontra demonstrada em seus estudos (leia-se a relação da obra com os clássicos gregos). Realmente, não está, pelo menos da maneira como Chklóvski pretenderia ver abordado o problema, pois este não era o objetivo do trabalho de Bakhtin.

Mesmo considerando toda a infiltração do mundo greco-romano na constituição da arte renascentista, Bakhtin julga ser lugar-comum contrapor Rabelais a Aristófanes. Não lhe interessa nenhum confronto com os gêneros constituídos, sua perspectiva é a do Outro. Nesse sentido, a tradição dos gêneros constituídos significaria a grande força freadora à dinâmica das formas composicionais que se elaboram ao longo dos séculos; a *vis inertiae* da História, como diria Engels. Mais uma vez repetimos: não é o carnaval que está na mira de Bakhtin, mas sua transposição para a linguagem da literatura, a carnavalização.

O questionamento que envolve o livro de Chklóvski sobre Bakhtin levanta uma série de problemas que não se resolvem nos limites da obra, principalmente aqueles que buscam um confronto direto entre as formas composicionais arroladas por Bakhtin e sua determinação histórica. Talvez as dúvidas de Chklóvski persistam porque ele não se deu conta de que, no livro sobre Rabelais, Bakhtin confere uma dimensão histórica a todos os problemas que foram objeto de um tratamento sincrônico no livro sobre Dostoiévski. Assim, quando focaliza a degeneração do fator "carnavalização" no Romantismo, que o teria ligado ao tema do destino individual, Bakhtin está registrando a mutação operacional de uma tradição. Deste modo, o romance de Sterne, que tanto rendeu a Chklóvski, é tido por Bakhtin como a primeira expressão significativa do novo grotesco já bastante distanciado da visão popular e carnavalesca dos séculos precedentes. Talvez por isso Bakhtin se tenha resguardado de um exame mais aprofundado da escritura "carnavalizada" de Sterne, optando por Rabelais e Dostoiévski. O alvo de Bakhtin não se confunde. O problema da subjetividade só merece atenção quando é substituído pelo tratamento objetivo "(mudança do ponto de vista individual para a perspectiva de uma representação do gênero Humano)"[17:118, nota 32], que é a conduta existente em Rabelais e Dostoiévski.

Toda a crítica de Chklóvski a Bakhtin se faz no sentido de descaracterizar o veio histórico da poética bakhtiniana em sintonia com a expressão popular (não-populista), forjando uma deficiência teórica que só se viabiliza quando se estabelecem nexos que estão fora dos propósitos do autor. O que Bakhtin pretende é romper o cerco da diacronia tal como a estabelece a cultura dominante. Chklóvski, contrariamente, parece querer ver esta corrente restabelecida, fazendo de seu diálogo com Bakhtin o mais notável exemplo de sua tese que busca a diferença na semelhança.

6. HISTORICIDADE E DIALETICIDADE DAS FORMAS COMPOSICIONAIS

Chklóvski não concorda com a amplitude que a menipéia, enquanto gênero primordial de interação de opostos (o sério e o cômico; o grotesco e o elevado), ocupa na poética de Bakhtin. Não discorda, porém, quanto a sua filiação à escola dos cínicos, conforme indicação do próprio Bakhtin [6:97]. Segundo lhe parece, a extrema valorização que Bakhtin dedicou às menipéias em sua teoria acaba criando um sério problema para os estudos literários: a promoção de um gênero capaz de abrigar toda e qualquer obra. Lembra, a propósito, que sátira menipéia já fora, inclusive, designação de panfletos políticos[1]. Assim, Bakhtin

---

1. Chklóvski lembra-se da tradição política da menipéia pela referência de Marx ao termo em um de seus escritos. Diz Marx: "A imprensa londrina, segundo parecia, estava ansiosa por esconder do mundo inteiro o fato de os lordes da indústria mobilizarem sistematicamente a sua classe contra a classe trabalhadora e de as medidas sucessivas por eles tomadas não serem a conseqüência direta das circunstâncias, mas os efeitos preme-

encontra "indiscriminadamente" – ainda segundo Chklóvski – ingredientes das sátiras menipéias em autores das mais diferentes épocas e estilos, tais como Petrônio, Dostoiévski, Hemingway, Rabelais, Cervantes, Hoffman, George Sand, Tchernichévski, apenas para relacionar os autores citados. Para o ex-formalista, agora engajado na tendência sociológica, esta é uma atitude deliberada que compromete toda teoria bakhtiniana. Bakhtin, diz Chklóvski, conserva "o traço descobridor e inventor, mas a amplitude de suas generalizações se converte, às vezes, em um mar que traga o específico encontrado" [29:279]. Um gênero não pode se colocar acima das determinações históricas sem correr o risco de se tornar um vale-tudo do ponto de vista crítico-teórico, parece ser a conclusão de Chklóvski a respeito.

O problema apresentado por Chklóvski não deixa de ser oportuno e pertinente dentro dos atuais estudos de teoria literária, principalmente no que se refere aos estudos bakhtinianos. O que o move a levantar tal supeita é a questão da historicidade das formas composicionais em Bakhtin. Acredita que as categorias bakhtinianas não receberam um tratamento adequado do ponto de vista histórico e, por isso mesmo, mostram-se desprovidas de dialeticidade. Um exame mais detalhado dessas categorias mostra-nos, contudo, que a preocupação de Chklóvski não invalida a teoria bakhtiniana. É evidente que algumas categorias, como a carnavalização, as menipéias e o próprio dialogismo apresentam um alto grau de abrangência e generalização, correndo, de fato, o risco de fornecer subsídios à interpretação de textos que nada têm de menipéico, carnavalesco ou dialógico [7:6][2]. Entretanto não se pode concluir que a determinação histórica foi banida dos estudos bakhtinianos.

ditados de uma conspiração, com ramificações profundas, de uma liga anti-operária! Essa liga dos capitalistas do século XIX está ainda à espera de um historiador. A Liga Católica, em França, encontrou-o, no fim do século XVI, na pessoa dos autores da *Sátira Menipéia*. (Marx, "A Questão Operária", *New York Daily Tribune*, 21 out. 1853) [82:211-12].

As Enciclopédias *Grand Larousse* e *Britannica* registram que a sátira menipéia (criada pelo filósofo grego Menipo no séc. III a.C.) inspirou os panfletos políticos que, em 1553, eram dirigidos contra a Liga Católica na França, denunciando seus desmandos e crimes. A menipéia, nesses escritos produzidos por quatro amigos, se define como uma espécie de farsa que mescla caracteres erudito, burlesco e popular.

Chklóvski em seu estudo ("Sobre las menipeas") [29:274-5] apresenta uma citação do texto de Marx aparentemente mais completa, publicada na edição russa dos escritos de Marx e Engels sobre literatura e arte.

2. Embora tenha consciência de que "são os aspectos do gênero e da

A orientação sociológica de Chklóvski quer ver nas categorias literárias uma relação direta com os fenômenos sócio-históricos que, na verdade, funcionaram como vias de acesso para que Bakhtin pudesse captar seu objeto, o sistema de linguagem derivado desses eventos e sua transposição em elementos estruturais da composição literária[3]. Já chegamos a nos referir ao fato de ser a língua o fenômeno histórico por excelência dentro da teoria bakhtiniana. Isto nos leva a crer que Chklóvski discute a historicidade e dialeticidade das categorias bakhtinianas fora do contexto que as gerou, ou seja as categorias como sistema de linguagem. Bakhtin estuda as menipéias e a carnavalização dentro da noção de gênero, e este é o ponto chave de sua poética. O gênero é uma categoria totalizante que organiza a escritura e lhe define o tipo composicional. É o gênero que reúne as diferentes obras segundo seus ingredientes comuns. Não se trata, portanto, de uma aproximação indiscriminada como quer Chklóvski. Bakhtin parte do gênero para detectar os processos que fluem e refluem na história das formas, e, nesse contexto, a carnavalidade é um dos modos de dizer a composição literária que perfurou com vitalidade vários séculos de tradição, criando esse gênero trans-histórico que são as menipéias. É uma questão de valorizar a poética sincrônica, tal como a melhor tradição do Formalismo Russo, a real inspiradora da teoria bakhtiniana. Acrescente-se a isso a concepção determinante em Bakhtin de que

os gêneros literários são apenas uma das modalidades dos gêneros do discurso [105:129]. (...) Cada enunciado particular é, naturalmente, indivi-

cosmovisão carnavalesca que permitem generalizar a teoria da carnavalização e aplicá-la a autores e épocas diferentes, a correntes e 'escolas' diversas, independente das diferenças de tendência, da individualidade e do valor artístico de cada autor", P. Bezerra (que cita o ensaio de Chklóvski sobre Bakhtin) afirma ser importante apenas o registro da carnavalização em autores diversos, pois isto é o suficiente para demonstrar que estão ligados à mesma tradição de gênero, havendo entre eles uma "identidade poética substancial". É esta identidade que nos parece corresponder ao vale-tudo a que se refere Chklóvski, que elimina a historicidade das formas composicionais. Bezerra parece mesmo defender o emprego mais generalizado da teoria do carnaval, ainda que de forma indiscriminada. O importante, para ele, é fazer o carnaval "pegar fogo".

3. O. Ianni [58:85-104] serve-se da categoria bakhtiniana da carnavalização para demonstrar a complexa relação e interação do fato histórico e a linguagem que dele deriva. Analisa como a tirania se transforma em criação de linguagem na literatura latino-americana atual.

dual, mas cada esfera de utilização da linguagem elabora os *tipos relativamente estáveis* de tais enunciados, e que nós justamente chamamos de gêneros do discurso [3:248].

O gênero comporta uma dimensão histórica. Na concepção bakhtiniana, "o gênero vive do presente mas sempre *recorda* o seu passado, o seu começo", representando a "memória criativa no processo de desenvolvimento literário" [6:91]. Ou seja, para Bakhtin todas as épocas e circunstâncias são marcadas por um diálogo de estilos cujo denominador comum é a "heterologia", a responsável pelo matiz dialógico das instâncias composicionais que nela se estruturam [119:117]. Este é um ponto essencial sem o qual é impossível falar de aproximação dos contrários em Bakhtin. A cultura popular, por abrigar fenômenos heterodoxos (o sério e o cômico) nas manifestações rituais e espetáculos do tipo carnavalesco, nas obras verbais cômicas, no discurso familiar da praça pública, se transforma na grande fonte para a delimitação dos gêneros em Bakhtin, um Bakhtin, repetimos, ocupado em "escrever a História Literária pelo que esta cala" [9:2]. O termo carnavalesco é aqui designativo do conjunto desta cultura, podendo ser substituído pelo de "realismo grotesco", que se torna seu sinônimo na medida em que este se opõe ao clássico, ao oficial, ao sério, ao já consagrado.

Quanto à sátira menipéia, vimos que ela assume uma importância singular na poética de Bakhtin, causando o questionamento de Chklóvski. As menipéias não fogem à regra. Elas sintetizam uma forma composicional, um gênero. E o gênero não pode ser considerado um vale-tudo apenas pelo seu caráter totalizante. É a partir do gênero que a relação obra/mundo se configura de uma forma mais concreta, já que o gênero implica a noção de finalização. Diante do mundo, por definição sem fronteiras, o gênero significa a possibilidade de uma escolha de um modelo perfeitamente delimitado, interrompendo assim aquela cadeia ininterrupta [119:124]. Daí ser o gênero a peça fundamental da translingüística bakhtiniana, disciplina responsável pelo estudo das formas estáveis não-individuais do discurso. Nesta medida, o gênero representa mais uma entidade sócio-histórica do que formal. As mutações que nele operam guardam um certo vínculo com as transformações de natureza histórico-social. Mas, evidentemente, não se trata de reabilitação da velha teoria do reflexo pela poética sociológica de Bakhtin. As relações da obra com as condicionantes históricas se estabelecem a partir da concepção do texto enquanto algo ligado à esfera sócio-cultural através da linguagem (ou, para lembrarmos Tinianov, através do aspecto verbal), já que "toda palavra pressupõe um interlocutor" [105:74]. Mais adiante pretendemos ver esta proposição explicitada, estudando a literatura dramática de Maiakóvski, que, em plena efervescência revolucionária, recupera o épico e o reveste das dimensões determinantes no seu momento histórico-cultural. O *Mistério-Bufo* de Maiakóvski é uma retomada do *epos*, mas é somente à luz das menipéias que a inversão do mundo épico representada na peça pode ser percebida em toda a sua plenitude.

Chklóvski, em nenhum momento de seu estudo, teve oportunidade de discutir a instância teórica que inspirou toda a formulação bakhtiniana do gênero enquanto entidade histórica, vale dizer, gênero enquanto *cronotopo*. O termo *cronotopo* – introduzido por Einstein em sua Teoria da Relatividade – Bakhtin tomou emprestado da Matemática para designar "as conexões intrínsecas do relacionamento espácio-temporal artisticamente expressas em literatura" [55:84]. O *cronotopo* organiza os eventos narrativos, tornando-os concretos, fazendo com que o tempo se torne igualmente palpável e visível e o espaço, denso e receptivo aos movimentos do tempo e da História. A historicidade da obra em Bakhtin é definida enquanto composição estrutural, vale dizer,

a unidade da obra de arte em relação com a realidade presente é definida por seu *cronotopo*. Desta forma, o *cronotopo* em uma obra traz, no seu interior, um aspecto avaliativo que só pode ser isolado do *cronotopo* artístico total numa análise abstrata. Na literatura e na própria arte, as determinações espácio-temporais são inseparáveis e sempre matizadas pelas emoções e valores. O pensamento abstrato pode, é claro, pensar o tempo e o espaço como entidades separadas e concebê-las, igualmente, como coisas desligadas das emoções e dos valores que as unem. Contudo a percepção artística viva (que envolve também o pensamento, mas não o pensamento abstrato) não estabelece tais divisões nem permite tais segmentações. Ela apreende o *cronotopo* em toda a sua integridade e plenitude [55:243].

Na verdade, os críticos que reclamam da falta de historicidade e dialeticidade das categorias bakhtinianas, tal como Chklóvski, não aceitam a noção de gênero formulada pelo teórico. O crítico americano David Hayman é um forte contestador deste conceito. Hayman registra, com grande objetividade, que o grande mérito de Bakhtin foi ter tratado, na obra sobre Rabelais, das manifestações tradicionais de ordem e das transgressões de normas como fenômenos estéticos[4]. Todavia Hay-

---

4. Bem a propósito, H. de Campos registrou que, entre nós, o ensaio

man questiona certos aspectos do estudo de Bakhtin que, pelo grau de amplitude que envolvem, não teriam sido ajustados adequadamente no contexto de sua poética. Trata-se, evidentemente, da abordagem do carnaval como fornecedor de um âmbito de referência apropriado ao estudo dos efeitos cômicos ou mesmo sério-cômicos. Hayman reclama quanto à falta de dialeticidade em Bakhtin, por este ter-se extremado na valorização do carnaval como forma dialógica e no conseqüente confinamento do gênero monológico ao "purgatório" da literatura oficial. Mostra que a concepção bakhtiniana de sátira menipéia enquanto gênero carnavalesco também é falha, por não distinguir os componentes positivos da tradição carnavalesca (irreverência e desordem) dos componentes imutáveis e antiformais (mistura de um comportamento elevado e outro inferior). Isto, no entender do crítico, faz com que Bakhtin conceba as menipéias como um gênero "menos flexível e menos vivo do que é na realidade". Conseqüentemente, a tradição do grotesco também será alvo da crítica de Hayman. Aponta como Bakhtin "se esquece" de mostrar a imagem da coisa transformada ao descrever a transformação do corpo grotesco.

Portanto, para provocar a alegria carnavalesca e o prazer tranqüilo do rebaixamento, é preciso que o carnaval comporte também o terror, repugnância e formas de medo que o riso aberto poderá dissipar [54:33-6].

Hayman recusa a noção de gênero elaborada por Bakhtin, pois esta lhe parece uma deformação dos "componentes modais", elementos estruturadores cuja caracterização poderia completar as formulações bakhtinianas e mesmo avançá-las.

de Antonio Candido "Dialética da malandragem", que estuda a narrativa de M.A. de Almeida, *Memórias de um Sargento de Milícias*, como um "romance malandro" devido, principalmente, ao jogo que faz com que a narrativa se desloque do mundo da ordem para o mundo da desordem, aproxima-se, de certa forma, das teses de Bakhtin sobre a literatura carnavalizada [16:25, nota 13]. Vale lembrar, também, que B. Schnaiderman em seu "Paródia e o 'mundo do riso' " destaca a história do riso como algo fundamental para a compreensão dos fatos da cultura. Mostra, por exemplo, como a história russa, do período de Ivã o terrível, se desenvolveu em constante paródia com relação à igreja ortodoxa (fato, aliás, magnificamente transposto para o cinema pelas mãos de Eisenstein). Schnaiderman recorda, ainda, que em Freud, nos trabalhos sobre o chiste e o humor (*O Chiste e sua Relação com o Inconsciente* e "O Humor"), a tradição popular e o riso aparecem como fundamentais para a compreensão da natureza do homem e dos proprios fatos de linguagem [102:89-96].

A teoria dos modos se colocaria como "um passo além de Bakhtin", já que

> quando Bakhtin fala da *essência do gênero*, fala de fato mais de modo do que de gênero. (...) Embora seu propósito vise a uma classificação das obras, sua finalidade profunda é descrevê-las em termos de propriedades que não se destacam no estudo dos gêneros [54:38].

Importante argumento em defesa de Bakhtin foi o apresentado por B. Schnaiderman. Afirma que

> o ensaísta norte-americano baseou-se nos dois livros de Bakhtin que estavam divulgados no Ocidente quando ele escreveu o trabalho: os referentes a Dostoiévski e Rabelais, respectivamente. Já os apontamentos bakhtinianos de 1970 e 1971 mostram que, nessa época, ele se preocupou realmente com a referida oposição [105:127], entre o riso e as lágrimas.

Um trecho significativo desses apontamentos é aquele em que Bakhtin aborda o problema do tom como um fenômeno decisivo na configuração do gênero literário. Diz Bakhtin:

> o problema do tom em literatura (o riso, as lágrimas e suas derivações). O problema da tipologia (a unidade orgânica dos motivos e das imagens). O problema do realismo sentimental (diferente do romantismo sentimental); Viesselóvski. A importância das lágrimas e da tristeza para a contemplação do mundo. O aspecto lacrimoso do mundo. A compaixão. Descoberta deste aspecto em Shakespeare (complexo de motivos). Os espirituais. Sterne. O culto da fraqueza, do indefeso, da bondade etc. – os animais, as crianças, as mulheres fracas, os imbecis e idiotas, uma flor, tudo o que é pequeno etc. A visão de mundo naturalista, o pragmatismo, o utilitarismo, o positivismo criam uma seriedade cinzenta e unitonal.

É o *tom* que força a discussão do aspecto menos estudado da vida discursiva: o mundo das injúrias e do elogio (grosserias, humilhações etc).

> É o mundo quase extra-objetual que reflete as relações mútuas entre os falantes. (...) O tom não é determinado pelo conteúdo objetual do enunciado, nem pelos sentimentos e vivências do falante, mas sim pelas atitudes do falante com relação à pessoa de seu interlocutor [3:363 e 377].

Num outro trecho, Bakhtin "parece responder diretamente às observações tão argutas de Hayman" [105:128]. É o que se segue:

> A anulação das fronteiras entre o terrível e o engraçado nas imagens da cultura popular (e, em certa medida, em Gógol). Entre o vulgar e o

terrível, o usual e o maravilhoso, o pequeno e o magnificente [3:397; 105:128].

As discussões sobre a noção de gênero são, em si, de natureza polêmica. Os próprios formalistas trataram longamente do assunto, sem, contudo, chegar a uma teoria que refletisse o ponto de vista da escola. Nem mesmo os criadores mostram-se seguros quanto à delimitação de um gênero. Lembremos, a título de ilustração, que Gógol, ao terminar suas *Almas Mortas*, não sabia em qual gênero integrá-las, e acabou classificando seu texto como "poema". Púchkin, igualmente, referia-se ao seu *Ievguêni Oniéguin* "ora como romance, ora como poema" [101:5].

O grande risco que o impasse dessas discussões pode gerar é o surgimento de outro tipo de discussão. Ou seja, ao invés de se discutir o gênero derivado do fenômeno sócio-histórico, focalizar o próprio fenômeno. É o que nos parece ter acontecido com os estudos sobre as menipéias e a carnavalização. Se o propósito de Bakhtin é considerar o fenômeno estético moldado pelo carnaval, como trazer para a arena dos debates o complexo evento do carnaval em sua dimensão sócio-histórica? Parece-nos que os críticos de Bakhtin querem encontrar em sua poética aquilo que eles próprios gostariam de ver esclarecido ou formulado de modo mais elaborado. Nesse sentido, Chklóvski fez escola, inclusive em nosso meio. O crítico brasileiro F. R. Kothe nos parece o mais fiel discípulo do ex-formalista, ao requerer de Bakhtin posições que não estavam no âmbito de sua perspectiva resolver, o que não impede que elas sejam referidas e o debate seja desenvolvido e ampliado.

Kothe radicaliza as críticas de Chklóvski, levando às últimas conseqüências a alegada falta de dialeticidade detectada pelo ex-teórico do Formalismo, em Bakhtin. No entender de Kothe, a teoria bakhtiniana se desenvolveu fora do terreno onde as questões ideológicas estão em confronto direto com os problemas da infra-estrutura econômica. Nesse sentido, o dialogismo bakhtiniano é uma forma de fazer uma obra monológica: Bakhtin teria restringido sua abordagem ao contexto da obra, sem esclarecer o diálogo nem a correlação da obra com a história de outros sistemas ideológicos ou com a história político-econômica.

Em decorrência de todos estes pontos de vista, a leitura que Kothe faz do carnaval não foge ao espírito das abordagens que vimos apresentado. O crítico discute o carnaval-festa e não a carnavalização enquanto fenômeno estético que confere certa personalidade às obras no processo de evolução histórica. O carnaval, da forma como Bakhtin o interpretou, também seria desprovido de dialeticidade. Ao considerar o povo em festa, Bakhtin eliminaria o confronto de classes, uma vez que desapareceriam os motivos de revolta. Kothe se ressente, tal como Chklóvski, da concepação do carnaval como coroamento do trabalho, concepção reinante no mundo grego. O carnaval retratado por Baktin parece-lhe um jogo de faz-de-contas, manipulado pela classe dominante para impedir o afloramento dos antagonismos de classe. Daí Kothe concluir que as normas continuam a vigorar no "reinado de Momo", apenas mudando a respectiva tonalidade: a ordem agora é "ser feliz". O carnaval bakhtiniano acaba virando uma válvula de escape ou de segurança ao mundo oficial [65:19; 67:184 e ss.].

Já que o crítico brasileiro examina o sentido ideológico da festa carnavalesca a partir de Bakhtin – que, por sua vez, não tinha esse objetivo em mira – faz-se oportuno lembrar que o sociólogo R. da Matta nos mostrou que, desse ângulo, o fenômeno carnavalesco não é um evento único. Indicou a distinção que existe entre os carnavais da igualdade (carnaval democrático, como é do Brasil) e o carnaval da hierarquia (o *carnival* norte-americano). Será oportuno lembrar o posicionamento do teórico da literatura e sociólogo Antonio Candido na análise da obra literária cômica. Ele valoriza, no "romance malandro", a comicidade como fuga "às esferas sancionadas da norma burguesa", encontro com a "irreverência e a amoralidade de certas expressões populares" [24:342]. Esta concepção contrastante com as formulações sociológicas de Chklóvski e seus acólitos se justifica pela própria análise que o crítico elabora da sociedade e sua ideologia. Antonio Candido expõe que

um dos maiores esforços das sociedades, através da sua organização e das ideologias que a justificam, é pressupor a existência objetiva e o valor real de pares antitéticos, entre os quais é preciso escolher, e que significam lícito ou ilícito, verdadeiro ou falso, moral ou imoral, justo ou injusto, esquerda ou direita política e assim por diante. Quanto mais rígida a sociedade, mais definido cada termo e mais apertada a opção. Por isso mesmo desenvolvem-se paralelamente as acomodações de tipo casuístico, que fazem da hipocrisia um pilar da civilização. E uma das grandes funções da literatura satírica, do realismo desmistificador e da análise psicológica é o fato de mostrarem, cada um a seu modo, que os referidos pares são reversíveis, não estanques, e que fora da racionalização ideológica as antinomias convivem num curioso lusco-fusco [24:338].

Esta seria uma perfeita defesa da poética sociológica de Bakhtin ante as exigências do sociologismo vulgarizado pela crítica que se alimenta dos vínculos mecanicistas.

Consideramos que a poética de Bakhtin tornou-se alvo do mesmo tipo de crítica que se fez ao Formalismo quando da propagação de seus princípios mais radicais. Exige-se de Bakhtin uma transposição das categorias sócio-históricas para a esfera artística; sem tais categorias suas investigações correriam o risco de ignorar a abordagem dialética. Parece até uma reivindicação no sentido de reiterar a submissão da crítica literária às outras ciências, voltando esta a ser aquele vasto "território colonial" (Tinianov) que os formalistas desbravaram no início de suas atividades. Não se pode negar, contudo, que a poética bakhtiniana vem prestando grandes contribuições a ciências como a Psicanálise, a Psicologia Social, a Sociologia da comunicação, a Filosofia, como tem procurado demonstrar, por exemplo, M.L. Santaella em seus estudos sobre os vínculos do dialogismo bakhtiniano com a ciência dos signos (Semiótica peirceana) [10:5]. O próprio Bakhtin, ao afirmar que "tudo na vida é diálogo", provoca uma instigante reflexão no vasto campo das Ciências Humanas. É inegável, inclusive, a contribuição da poética bakhtiniana dentro dos estudos marxistas, no sentido de delimitar a dimensão concreta da produção cultural [107].

Há críticos que entendem a falta de dialeticidade em Bakhtin como decorrência da falta de um modelo teórico-filosófico que oriente suas proposições para uma síntese. De acordo com a visão desta postura crítica, o dialogismo, entendido como uma categoria sócio-histórica que opera tanto na natureza como na linguagem, é igualmente dialética sem síntese [10:11-2][5].

Entretanto, o que menos se deve esperar das formulações bakhtinianas é a unicidade e desenvolvimento lógico preciso. Pelo que pudemos observar em seus escritos e pelo que nos informaram os estudiosos dos originais russos (Todorov, B. Schnaiderman), as concepções bakhtinianas se assemelham a cam-

---

5. De acordo com Santaella, "o dialogismo bakhtiniano corresponderia mais a um pensamento lógico-diádico, visto que, para ele, o sentido nasce e cresce no embate e propulsão (duelo) de forças; em Peirce, o dialogismo é dialético, isto é, triádico, pois que na semiose todo sentido é sempre mediação (isto é, para significar, a ação do signo é a de gerar um outro signo). Daí que a cadeia infinita e dialética de sentido fique lógica e precisamente explicitada na construção teórica peirceana, enquanto que, em Bakhtin, embora ela seja vislumbrada e enfatizada, para esclarecê-la esse pensador teve de recorrer a uma noção ambígua e metafórica de contexto".

pos de forças em luta, sendo a contradição o grande eixo por onde se movem. Com relação ao dialogismo, é importante não se esquecer de que Bakhtin estabelece níveis de apresentação, o que elimina a possibilidade de se visualizar um modelo único.

Se aqui e ali absolutiza os conceitos, o conjunto nos dá instrumentos suficientemente maleáveis para fazer a distinção dos níveis [105:88].

Desta forma,

não há motivo para não ver o dialogismo como um fato dialético. Tendo apontado com vigor e eficiência, com grande capacidade criativa, para os fatos dialógicos da linguagem, Bakhtin procura enquadrá-los num esquema que parece excluir a dialética, mas ao mesmo tempo não chega a elaborar um sistema que explique plenamente a sua concepção sobre este problema. Insatisfeito com as limitações da Lingüística de seu tempo, autor de uma concepção dinâmica e flexível da linguagem, ele contribui grandemente não só para uma visão renovada dos textos literários, mas chega a esboçar toda uma visão de mundo em que as vozes ecoam e se entrecruzam e tudo repercute em tudo. Separar isto da dialética parece-me uma teimosia que não resiste ao exame dos fatos. Pelo menos, permanece como *teimosia* por falta de uma exposição mais desenvolvida [105:126].

Tomamos por nosso este depoimento ponderado de quem considerou os escritos bakhtinianos enfrentando todos os problemas de uma investigação teórica experimental, tal como acreditamos ter sido a aventura do Formalismo Russo e do Círculo de Bakhtin. O próprio Bakhtin, num de seus últimos escritos, chama a atenção para o "inacabado *interior* de muitos de meus pensamentos". Mostra que

não era *meu* objetivo converter uma deficiência em virtude: nos trabalhos existem muitas imperfeições externas, imperfeições não do próprio pensamento, mas de sua expressão e exposição. Às vezes, torna-se difícil separar uma imperfeição de outra. Minha obra não pode ser referida a uma só corrente (o estruturalismo). Minha predileção pelas variações e pela heterogeneidade dos termos em relação a um só fenômeno. A multiplicidade de enfoques. A aproximação dos extremos sem indicação dos vínculos intermediários [3:377-78].

Nem mesmo os aspectos apontados pelos críticos, como genéricos ou insuficientes, deixaram de ser revistos por Bakhtin. B. Schnaiderman fala da importância do ensaio "A Palavra no Romance" (1934 – 1935), que responde a muitas das "especulações teóricas" inclusive do próprio Chklóvski [105:89].

7. POR UM *EPOS* MODERNO, ATIVO E TENDENCIOSO: A DESCONSTRUÇÃO DO ÉPICO EM *MISTÉRIO-BUFO* DE MAIAKÓVSKI

Se para o Formalismo Russo a questão fundamental a ser resolvida era a caracterização da linguagem poética, pode-se dizer que, para o Círculo da Bakhtin, o gênero tornou-se o ponto essencial no estudo da construção artística e seus elementos. Foi através do gênero que Bakhtin procedeu ao levantamento tipológico das formas composicionais do discurso, tarefa primordial de sua poética histórica.

Situando a poética do Círculo de Bakhtin na continuidade das pesquisas formalistas, verifica-se que o conceito de gênero enquanto, fenômeno totalizador, capaz de finalizar a enunciação artística, apresenta-se como um aprimoramento do conceito de gênero enquanto conjugação de certos procedimentos com uma dominante definida, elaborado pelo Formalismo Russo. Não se quer admitir com isto que a poética bakhtiniana tenha assimilado a teoria formalista do gênero. Pelo contrário, Miedviédiev dedica uma parte de seu estudo [85:129] para mostrar que a principal deficiência do enfoque formalista foi o privilegiamento de traços exteriores da composição na explicação do gênero. Afirma também que o gênero deve, necessariamente, iniciar as discussões sobre a Poética, e não encerrá-la, como ocorreu nas investigações formalistas. Nos estudos do Círculo bakhtiniano, o gênero é a totalidade vital da comunicação artística; e, na teoria do gênero, o problema da finalização (*zaverchênie*) é o mais importante [85:129]. Não se trata, porém, da finalização composicional, e sim da finalização temática que não está desvinculada dos aspectos composicionais. Esta seria a grande contribuição da poética histórica do Círculo de Bakhtin no sentido de ajustar e complementar a teoria formalista.

Os formalistas não conheceram o problema da finalização temática, assegura Miedviédiev. Tomachévski, ao estudar o elemento temático, entendeu que

no decorrer do processo artístico, as frases particulares combinam-se entre si segundo seu sentido e realizam uma certa construção na qual se unem através de uma idéia ou tema comum [121:169].

Miedviédiev ataca esta concepção alegando que a unidade temática não procede da combinação de significados de suas palavras ou sentenças individuais. O tema transcende a linguagem. É a totalidade da enunciação como realização da fala historicamente determinada que dirige o tema. Os formalistas não chegaram a discutir esta questão. Chklóvski entendeu que a unidade da novela era criação dos procedimentos exteriores, a construção em plataformas [26:205]. Ao que Miedviédiev contesta: os procedimentos externos são o resultado da unidade interior.

A crítica contrastante que Miedviédiev realiza da teoria formalista não nos impede de visualizar um ponto de convergência de concepções no que se refere ao gênero. A partir do momento em que o Formalismo admite a dimensão histórica do gênero (Tomachévski), pode-se dizer que os laços entre as duas correntes é reatado. Uma e outra teoria procuram determinar a historicidade do gênero, não através de uma correlação automática com a "história evêntica". O objetivo é buscar a historicidade no próprio mecanismo de formação e evolução dos gêneros. Tal como a orientação da poética sincrônica formalista, o "enfoque dialógico-bakhtiniano" reconhece "a coexistência, na literatura, de fenômenos profundamente anacrônicos, o que complica ao extremo o processo histórico-literário" [18:3]. É o total abandono da classificação rígida dos gêneros e a possibilidade de avaliar a importância dos elementos cambiantes em sua estruturação. Isso os teóricos russos, indistintamente do credo, aprenderam na análise dos textos poéticos que manipularam: Chklóvski, por exemplo, ao proceder ao levantamento da construção da novela e do romance, confessa não ter elaborado uma definição precisa para o que se chama "novela" [26:205]. Também o autor-criador pode não ter em mente uma classificação de gênero em que possa encaixar seu texto, como já tivemos oportunidade de referir. O próprio Bakhtin acenara para o fato de que

a procura de um autor por um discurso que lhe seja próprio torna-se fundamentalmente uma procura do gênero e do estilo, da posição do autor. Este é o problema mais agudo da literatura contemporânea, que leva vários autores a renunciar ao gênero romanesco e a substituí-lo pela montagem de documentos, pela descrição de objetos, pelo letrismo e, em certa medida, pela literatura do absurdo. Nós podemos definir tudo isto, num certo sentido, como diferentes formas de silêncio. Estas buscas é que levaram Dostoiévski à criação do romance polifônico [3:372].

Uma teoria do gênero, constituída pela conjugação das formulações essenciais do Formalismo Russo e do Círculo de Bakhtin, fornece um instrumental teórico adequado para a compreensão e análise das obras que se construíram à margem dos modelos composicionais abrigados pela tradição literária. Não foi sem razão que Bakhtin elegeu a sátira menipéia como gênero por excelência da escritura inquieta, que não se adapta a classificações aprioristicamente delimitadas. Embora Bakhtin não se tenha reportado a nenhum texto da vanguarda futurista para demonstrar sua teoria do gênero, achamos que a análise de um texto contemporâneo forneceria um âmbito de referências bem mais consistentes e um grau de legitimidade a todos os pontos polêmicos de sua teoria, invalidando, conseqüentemente, os ataques da crítica sociológica que lhe exige historicidade e dialeticidade em suas proposições. Todas estas colocações foram se esclarecendo a nós ao servirem de fundamentação teórica para a análise da peça *Mistério-Bufo* de Maiakóvski. Este texto nos surgiu como amostragem prática de toda a questão da historicidade do gênero que vimos tratando até aqui. Mais que isso: defrontamo-nos com todo o processo de luta que os elementos da linguagem armam no interior da forma composicional em toda sua vivacidade.

Maiakóvski prevê para o *Mistério-Bufo* uma construção que se aproxima do épico, conforme indicação do subtítulo: "Representação épica, heróica e satírica de nossa época". No entanto o texto acaba realizando uma desconstrução do épico e de toda a tradição que o sustenta.

Se para a caracterização de um gênero há que se considerar, em primeiro lugar, a categoria na qual ele se insere – poética ou prosaica – o que se observa nesta peça é que estas duas categorias se fundiram e inventaram um outro discurso que, graças a esta mistura, possui uma natureza ambivalente. A estrutura versificada do discurso da peça comporta tanto a compactidade poética quanto a fluência da fala: as duas dimensões são plenamente intercambiáveis. A equalização das categorias de linguagem no discurso anula seu poder de definição sobre o gênero. O gênero enquanto categoria unívoca, de modo geral, inexiste nas peças de Maiakóvski.

Esta dissociação hierárquica dos gêneros provocada pela destruição das barreiras entre as categorias de linguagem, ao mesmo tempo que esboça a tese futurista de destruição de toda tradição institucionalizada, propicia o encontro da tradição pelo seu avesso, ou melhor, o encontro das formas expressivas não-oficiais, não-institucionalizadas, que se desenvolvem no terreno da chamada "cultura popular", tornada alicerce da construção da linguagem em Maiakóvski. Este fenômeno de caráter ambivalente não só permeia a concepção estética do poeta, como também justifica sua posição iconoclasta em relação à tradição cultural: a destruição da face oficial é necessária para que a dimensão "vulgar" possa ser considerada. É por aí que vemos brotar uma concepção inovadora de gênero nas peças de Maiakóvski: de categoria estática o gênero passa a ser tratado como um corpo em movimento. A desagregação dos gêneros anteriores como condição para o surgimento do novo torna-se parte integrante deste movimento. Filosoficamente, este ponto inspirou tanto a concepção da poética formalista como a bakhtiniana[1].

---

1. A concepção da evolução dos gêneros através de seu caráter ambivalente – destruição como condição de renascimento e renovação –, existente tanto nas teses de Bakhtin como em Tomachévski, nos parece ter um parentesco íntimo com as reflexões provenientes da Teoria da Relatividade de Einsten, que tanto fascinou os pensadores no início do século. Todas estas teses, ao abandonar o caráter absoluto das concepções, procuram chamar atenção para as relações existentes entre as partes contraditórias do fenômeno. O próprio Jakobson chegou a afirmar: "aqueles dentre nós que se preocupavam com a linguagem aprenderam a aplicar o princípio da relatividade às operações lingüísticas. Éramos consistentemente impelidos nessa direção pela Física moderna e pela teoria e prática pictórica do cubismo, onde tudo *se baseia nas relações* e na interação entre as partes e o todo, entre a cor e o contorno, entre a representação e o que é representado" (R. Jakobson, "Retrospecto" [100:28]).

O caráter de ambivalência, que marcou o espírito demolidor dos futuristas russos nas primeiras décadas deste século, torna-se um fenômeno de iluminação da vanguarda, visto que ao destronar as formas canonizadas de expressão abre caminho para a ascensão das formas vivas e dinâmicas que povoam o momento histórico-cultural. Nesse sentido entendemos a coexistência na produção da vanguarda russa, acentuadamente em Maiakóvski, de elementos que se confrontam: o popular toma formas em meio aos projetos técnicos arrojados construtivistas ou cubo-futuristas; a empresa espetacular não se desvincula de sua dimensão política. Nas montagens de Meyerhold das peças de Maiakóvski, por exemplo, os *clowns* não viram suas acrobacias perderem o encanto ou o dinamismo devido aos trajes angulosos de corte geométrico que passaram a usar, ou porque tinham de movimentar-se por entre estruturas metálicas e módulos de madeira, muitas vezes tendo de adaptar os gestos às formas dos objetos. Nem mesmo a sátira política perde sua força ao se reproduzir numa estrutura versificada pela voz do palhaço no circo. As tragédias *Vladímir Maiakóvski, Moscou em Chamas* e o próprio *Mistério-Bufo* representam a prática de uma proposta de fazer do circo o novo canal de emissão da palavra poética[2]. Com isso Maiakóvski revela ter captado aquilo que Bakhtin denominou movimento próprio da evolução dos gêneros, visto que historicamente a linguagem popular sempre foi considerada um veículo gerador de novas formas de pensamento devido à configuração dinâmica que lhe é específica [5:461-2]. Além disso convém considerar que nos períodos de liberação social, como o que viveu Maiakóvski, as formas tidas como "vulgares" tendem a se infiltrar nas formas "elevadas", substituindo-as gradualmente e promovendo a irrupção dos novos gêneros. Ao estudar o fenômeno da substituição dos gêneros através da penetração dos gêneros "vulgares" nos gêneros "elevados", Tomachévski verificou que

---

2. Achamos oportuno referir aqui que esta preocupação atingiu igualmente o poeta do modernismo brasileiro Oswald de Andrade, para quem o circo serviria de canal para a manifestação aberta da subversão do cotidiano (ver, a propósito, M. A. Fonseca, "Oswald de Andrade e o Circo" [50:38-44]). Uma das peças de O. de Andrade, *O Homem e o Cavalo*, aproxima-se de *Mistério-Bufo*, não só pela composição temática, mas principalmente pela concepção subjacente de espetáculo como ação direta sobre o espectador. Fernando Peixoto, em seu livro sobre Maiakóvski, sustenta mesmo que *Mistério-Bufo* exerceu uma influência no espírito e na estrutura de *O Homem e o Cavalo*, de O. de Andrade, "um dos maiores momentos de nosso teatro" [90:99].

no futurismo contemporâneo [este texto é de 1925], os procedimentos da poesia lírica vulgar (humorística) penetram na poesia lírica elevada, fenômeno que possibilita ressuscitar as formas da ode e da epopéia em Maiakóvski [121:202].

Ora, é exatamente nos limites do humor e do épico que vemos se constituir o gênero de *Mistério-Bufo*. A partir dessas formulações surgem nossas indagações acerca da constituição do gênero das peças de Maiakóvski. Que elementos da construção épica, ao serem destruídos, ressuscitaram provocando a irrupção de um novo gênero? Qual seria este novo gênero? Estamos preocupados com o estudo dos mecanismos geradores do processo destruição/ressurreição dos gêneros nos quadros da evolução literária. Mecanismos verificados teoricamente por Tomachévski e demonstrados na prática por Bakhtin no livro sobre Rabelais.

Considerando que a dimensão de um gênero é sempre histórica e só se justifica por um tempo determinado, temos que a própria Revolução de Outubro criou um clima propício para a ressurreição da epopéia no início do século na Rússia. Os feitos heróicos revolucionários despertaram nos russos o sentimento de "nacionalidade" existente em todo canto épico. Entretanto a versão épica que ressurge nos versos do poeta em nenhum momento propõe a "criação de uma nova *Odisséia* num mundo onde os valores épicos já não existem mais" [109:19]. A preocupação de Maiakóvski é antes paródica que mimética, como se pode sentir em suas palavras:

Apenas em tempo bem recente surgiu ante os futuristas a necessidade de fornecer modelos de *epos* moderno: mas não um *epos* protocolar e descritivo, e sim ativo e tendencioso ou até fantástico e utópico, que dê o cotidiano não como ele é, mas como será obrigatoriamente e como deve ser [100:165].

Daí que o *epos*, enquanto categoria que torna o gênero épico a glorificação do passado heróico nacional, onde o tempo não se localiza num processo histórico real, mas se fecha em si mesmo; onde o passado absoluto é uma categoria de valores não puramente temporais mas sobretudo axiológica; onde a falta de relativização não concede lugar a nada que seja transitório, irresolúvel, problemático; enfim, onde a distância épica exclui toda possibilidade de ação e modificação [4:441-73] esta modalidade épica é totalmente descaracterizada na composição de Maiakóvski.

Contrariando a tese que afirma que "a época contemporânea não pode servir de objeto de representação para os gêneros *elevados* por ser uma atualidade de *baixo nível* comparada ao passado épico" [4:464] Maiakóvski faz do tempo presente – e de sua continuidade, o futuro – a dimensão temporal de suas peças, tal como em *Os Banhos*, *O Percevejo*, no próprio *Mistério-Bufo* ou na tragédia *Vladímir*. É o contingente, o imediato em seu desdobramento temporal, em sua realização futura, que passa a ser o alimento dessa "epopéia futurista", destruindo assim o lendário nacional situado num passado absoluto e a-histórico. Em *Mistério-Bufo* a experiência viva da Revolução de Outubro e as conseqüentes transformações da sociedade socialista industrial constituem o esqueleto de sua estrutura "épica". Este esqueleto, livre dos esquemas rígidos que o gênero épico exige, vai tomando corpo a partir da intervenção da fantasia de seu autor. As imagens simbólicas, fantásticas e até mesmo utópicas que vêm povoar a peça – peregrinação pelo inferno e paraíso, intervenção do Homem do Futuro, manifestação das máquinas no país do caos e na Terra Prometida – originadas desta ruptura com o tempo, passam a ter uma função determinante na composição temático–filosófica da peça, como teremos oportunidade de referir adiante.

Nem mesmo a unidade estilística ficou ilesa diante do espírito de demolição, criador da "epopéia futurista". O estilo elevado que perpetuou a epopéia, a tragédia e a lírica, é aqui deglutido pela construção "politonal" (Bakhtin) da narrativa, resultante da fusão do verso com a fala, do sério com o cômico, do sublime com o vulgar, do sagrado com o profano, onde os gêneros elevados são relembrados sob a forma de paródia.

Com a inversão da dimensão temporal épica, com a desvalorização do lendário nacional e com a quebra da unidade estilística, a composição de *Mistério-Bufo* desintegra totalmente a estrutura épica e cai no domínio dos gêneros "inferiores": as sátiras populares. Este mecanismo de passagem de um pólo a outro, do épico ao satírico, de uma certa forma foi previsto pelo poeta, pois as caracterizações "épica" e "satírica" estão alinhadas num mesmo nível no próprio subtítulo da peça. Esta passagem de um pólo a outro une o plano estético ao plano temático: o *status* burguês perde para o socialismo da mesma forma com que o épico perde para o satírico. Esta seria a configuração orgânica do *Mistério-Bufo*: transmutação ambivalente, onde um estado de coisas se consolida pela destruição dos anteriores. É deste modo que vemos configurada a finalização temático-composicional essencial à teoria bakhtiniana.

Com isso, a composição da peça se distancia do universo épico e vai se aproximando do universo das sátiras menipéias da antigüidade, gênero cujas caracterizações estruturais foram retomadas por Bakhtin na crítica literária recente e das quais nos servimos para o estudo desta peça [6:87-113].

Enquanto o épico se mantém refratário à contemporaneidade e não renuncia à unidade estilística, a menipéia não só se alimenta das "questões últimas" da reflexão filosófica e da experiência, como também revela uma composição orgânica que é decorrência da conjugação de elementos de diferentes estruturas, como demonstrou Bakhtin em seu estudo.

Tal como as menipéias, o *Mistério-Bufo* apresenta uma situação extraordinária, fruto da liberdade de invenção de seu autor: a peregrinação (luta) dos Sujos (trabalhadores) em busca da Terra Prometida (socialismo) impulsionados pelo dilúvio (Revolução). As etapas da revolução da sociedade rumo ao socialismo foram esquematicamente representadas: constituição do governo absoluto; república democrática (liderada pelos Limpos); golpe na sociedade de classes com a dominação dos Sujos. Toda esta trajetória cumpre dois momentos: período revolucionário (durante o dilúvio) e o período de transição e consolidação do socialismo (peregrinação dos Sujos pelo inferno, céu, país do caos, Terra Prometida). A criação desta situação extraordinária, entretanto, não é puramente representativa, existe aí uma função ideológica precisa: a experimentação de uma idéia. Não se quer provar ou constatar a "verdade da Revolução", mas sim experimentá-la no palco, torná-la visível através da representação e do aparato cênico. Por isso, os heróis – os Sujos, que aqui representam os heróis das sátiras menipéias –

sobem aos céus, descem ao inferno, erram por desconhecidos países fantásticos, são colocados em situações extraordinárias reais, e amiúde o fantástico assume o caráter de aventura, às vezes simbólico ou até místico-religioso [6:98].

A vertente místico-religiosa nos parece ter conduzido a interpretação de Ripellino do *Mistério-Bufo*. Sob este enfoque ele nos informa acerca de toda a influência que os textos bíblicos exerceram sobre Maiakóvski nos primeiros anos da Revolução e nos fala da própria interpretação da Revolução como um "extraordinário bíblico" [96:78]. Todavia não é deste ponto de vista que nos interessa focalizar o fantástico do *Mistério-Bufo*. À luz de um pensamento místico-religioso o fantástico se priva de sua dimensão ideológica, tornando-se apenas uma metáfora ambígua, indefinida, um vale-tudo. Já à luz do fantástico experimental formulado por Bakhtin – modalidade de menipéia totalmente estranha à epopéia e à tragédia – o "extraordinário" resgata a dimensão ideológica do simbólico, ao travestir a experiência imediata, historicamente determinada, com mesclas de fantasia. O ponto de vista do fantástico experimental situa-se sempre num ângulo inusitado de visão, reproduzindo os fenômenos fora de suas dimensões normais, criando imagens cujo traço fundamental é o exagero. Este sistema reproduz plenamente as formulações estéticas de Maiakóvski. "Um dos meios de criação de imagens que eu tenho empregado ultimamente é a invenção dos acontecimentos mais fantásticos: fatos sublinhados por uma hipérbole" [100:195].

Hiperbólica é, portanto, toda a imagem do dilúvio-revolução, das máquinas que sentem falta das mãos dos operários, da aproximação do espaço cósmico ao espaço terrestre.

O espaço cósmico e o tempo futuro, coordenadas obrigatórias do teatro de Maiakóvski, são exatamente as instâncias fenomenológicas onde as imagens hiperbólicas tomam corpo, onde a experiência mergulhada em fantasia projeta as feições ideológicas que lhe são próprias. Entretanto, nem o espaço cósmico nem o tempo futuro são absolutizados pela distância épica. O "rebaixamento do espaço cósmico"[3], para a materialidade do espaço cênico do *Mistério-Bufo* (globos, lona, sinais luminosos) e a representação do tempo futuro através dos signos do tempo presente (eletricidade, máquinas, socialismo) evidenciam o caráter de ambivalência do fantástico experimental. Toda a peça procura fazer com que "os mistérios e enigmas do mundo e dos tempos futuros" não sejam "nem tenebrosos nem perigosos, mas alegres e livres". O mundo passa a ser percebido como um "alegre drama satírico" (Bakhtin). Assim o *Mistério-Bufo* pôde combinar num arranjo orgânico elementos da arte construtivista, suprematista, acrobacias circenses, pantomimas dos espetáculos de feira, tudo isto inserido na estrutura maior do teatro de agitação, *agit-prop*, onde o sagrado está muito próximo do profano, o cômico do sério e o cósmico tenebroso é antes de tudo uma *atração*. Este é o caráter da montagem de 1921. O inferno sofreu uma carnavalização. O globo colocado ao nível da platéia – segundo as informações de Ripellino – ao girar sobre o seu próprio eixo, apresentava uma parte recortada de onde saltavam os diabinhos que, em trajes de palhaços ornamentados com pedaços de papel, rabos, chapéus de coco e couraças, desciam do alto pelas cordas fazendo

---

3. Estamos empregando aqui o termo "rebaixamento" na acepção usada por Bakhtin na caracterização do grotesco: rebaixamento como transposição de tudo que é elevado, espiritual, ideal e abstrato, para o plano material e corporal [5:29].

as mais terríveis acrobacias e piruetas. Assim o inferno transformado em circo criou um espetáculo alegre, ruidoso e colorido [96:82]. No inferno tudo é cômico e avesso à imagem já cristalizada pela religião. A rubrica inicial do texto indica a existência de um aviso à porta do inferno:

> Não entre sem ser anunciado[4].

que poderia ser perfeitamente dispensável em se tratando de um espaço tão pouco desejado pelo espírito cristão. A seguir, ainda na rubrica, indica-se a ressonância de um canto suave atrás do portão. (E pensar que durante séculos a tradição tenha nos escondido a existênhcia de tão reconfortantes canções em tão tenebroso lugar!...) A própria intervenção do coro no início nos faz lembrar das apresentações alegres das canções de palhaços, de bichinhos nas pantomimas infantis:

> Demônios! Demônios! Demônios nós somos!
> As almas dos miseráveis pecadores
> nós forneamos em nosso fornos!

A própria "personalidade" dos diabos é transfigurada: eles aparecem como seres que se compadecem do sofrimento dos trabalhadores:

> Camponês
> > Convidarei vocês para uma temporada na terra
> > Diabos, vocês sabem que lugar é este?
> > (Como se estas velhas forças pudessem nos atemorizar!) Bem,
> > nós trabalhadores fomos entretidos gentilmente
> > pelas cordialidades britânicas. E o Capital,
> > com lanças da esquadra e do exército, oprimiu
> > a República dos Trabalhadores. Aqui, pelo menos,
> > vocês não têm crianças nem homens com dignidade.
> > (Se vocês os tivessem, vocês os torturariam?)
> > Mas na terra eles são torturados como qualquer um.
> > Não diabos,
> > é melhor aqui.
> > Na verdade, como os selvagens otomanos, vocês tomam
> > um pecador e colocam-no na fogueira,
> > enquanto nós temos máquinas,
> > temos cultura.

---

4. Os trechos da peça *Mistério-Bufo* citados no decorrer do estudo são traduções indiretas das versões francesa [79] e inglesa [80].

Voz (de entre os demônios)
> Verdade?

Camponês
> Vocês bebem sangue. Que tal?
> Sem gosto.
> Se eu tivesse tempo, mostraria a vocês um mecanismo
> onde o sangue é refinado em chocolate
> para os burgueses.

Voz (de entre os demônios)
> O-O-quê?
> Sério?

(...)

Voz (de entre os demônios)
> Chega!
> Isto me arrepia!
> Estas estórias deixam-me paralisado!

A falação do camponês sensibilizou até o Belzebu, que se despede desejando-lhe "Boa Viagem".

O mesmo princípio de ambivalência que tornou o inferno um espetáculo exuberante, carnavalesco, onde tudo se baseia na inversão, conduz a representação para a dessacralização do paraíso. A cena do paraíso se desenrola sobre um toldo. Os anjos, santos, paz e divindades tornam o paraíso monótono e tenebroso.

Os Sujos
> Que lugar estúpido!
> Muito chato! Ufa!

A decepção aumenta quando, ao redor da mesa-nuvem, são-lhes servidas garrafas de leite-nuvem com pão-nuvem. O carpinteiro reclama a Matusalém:

> Vocês não têm nada mais material

(...)

Sujos
> Na terra, as pessoas se humilham resignadas
> na esperança de morrer e ver Você –
> Seu porco!
> Se eles soubessem
> que mentira!
> Na terra, paraísos como o Seu
> existem aos montes!

Além de o canto alegre do coro demoníaco ser substituído pelas preces monótonas dos anjos e santos, os diálogos travados entre os trabalhadores e os seres celestes mostram uma violência marcada pelo tom de desafio. Depois de uma longa discussão com os trabalhadores, Matusalém recorre à força:

> Socorro! Polícia!
> Pegue-os!
> Prenda-os!
> Que o Deus Onipotente fulmine-os com um raio!

Neste espaço onde todos os valores e fenômenos são regidos pelo signo da inversão, nem mesmo a onipotência divina é preservada: Jeová aparece com o raio mas hesita em fulminar os trabalhadores, que não mostram sinal de temor; ao contrário, o espírito desafiador aguça-os:

> Ferreiro
> > Você pensa que nós trabalhadores
> > podemos dizer sempre Amém
> > a Deus? Sua política pacifista
> > custará muito caro!
> (...)
> Mecânico
> > Nós agarraremos à força os raios de Deus
> > Pegue-os!
> > Nós poderemos usar todos estes volts
> > para eletrificação.
> > Por que perder tempo em ressoar um raio no espaço vazio?

O princípio da inversão que possibilitou a carnavalização do inferno e a profanação do paraíso é o dispositivo que garante a experimentação da "verdade" inscrita no projeto ideológico da peça: a terra prometida não se alcança nem pelo céu, nem pelo inferno, menos ainda pelas nuvens. Somente as máquinas podem levar os operários a desfrutar os privilégios da sociedade socialista industrial. Daí que, no país do caos, quando os trabalhadores descobrem as máquinas, esta verdade nos chega através de uma imagem que se baseia na inversão: as máquinas "famintas" recorrem aos homens e quando satisfeitas os encaminham à terra prometida. O fenômeno da ambivalência continua a operar na construção da imagem.

> Locomotiva
> > Ai!
> > Escutem o meu pranto!
> > Não me deixem morrer!
> > Não posso nem erguer a cabeça
> > de vapor.

>   Dêem-me pão preto
>   do Don
>   Dêem-me comida.
>   Rápido!

Mecânico
>   Esqueça a morte,
>   minha amiga. Não se preocupe.
>   Nós arrancaremos o carvão das entranhas da terra.
>   Nós a conduziremos para um novo trilho.

Navio
>   Socorro! Socorro! Socorro!
>   Deixem-me matar
>   a sede nas nascentes dos rios!
>   Meus flancos estão esfolados!
>   Dêem-me óleo de Baku!
>   (...)

Soldado (subindo na locomotiva; os outros o seguem)
>   (...)
>   Sobre as ondas!
>   Sobre os trilhos!
>   Está próxima
>   aquela alegre casa do futuro,
>   conquistada pelo trabalho.
>   Devorem as distâncias,
>   respirando vida
>   nas máquinas. Somente nelas
>   podemos correr a passos largos
>   para o futuro.
>   Hora a hora!
>   Passo a passo!

A personificação dos objetos e máquinas do cenário urbano-industrial, na última cena do *Mistério-Bufo*, torna-se uma particularidade importante na construção do fantástico experimental, visto que se trata da apresentação de uma questão "atual" sob um ângulo inusitado da visão: na sociedade socialista industrial o mundo mecânico e elétrico funciona como uma "extensão do próprio homem", corresponde à transformação da energia humana. Nem o homem é escravo da máquina, nem a máquina objeto de dominação dos homens. Existe entre ambos uma relação de continuidade necessária para a construção da nova sociedade. Esta espécie de "utopia social" é característica marcante das sátiras menipéias, onde

as fantasias, os sonhos e a loucura destroem a integridade épica e trágica do homem e do seu destino: nele se revelam as possibilidades de um outro homem e de outra vida, ele perde a sua perfeição e sua univalência, deixando de coincidir consigo mesmo [6:100].

Os Sujos
    Oh-oh-oh-oh!
Coisas
    Ha, ha, ha, ha!
Camponês
    Quem são vocês?
    E de quem?
Coisas
    O que você quer dizer com "de quem"?
Camponês
    Eu quero saber qual é o nome do senhor.
Coisas
    Nós não temos nenhum senhor.
    Nós não pertencemos a ninguém.
    Nós somos os anfitriões.
    O martelo e a foice –
    Benvindos a esta república!
(...)
Máquinas
    Perdoem-nos, trabalhadores!
    Trabalhadores, perdoem-nos!
    Vocês fizeram-nos viver:
    explorem o ouro, fundam-no
    e forjem-nos.
    (...)

O fenômeno da ambivalência não determina apenas o campo temático-filosófico, mas também é princípio sobre o qual se estrutura a montagem dos episódios. O desenvolvimento progressivo e linear que, atingido o clímax, caminha para o desfecho – modalidade de composição tão característica da épica – é aqui substituído por uma estrutura de tipo contrapontístico: cada episódio se constitui numa célula cuja dinâmica interna gera os momentos de tensão, e os episódios sempre se confrontam entre si (exuberância do inferno x monotonia do paraíso; solidariedade dos demônios x violência de Deus; peregrinação pelas nuvens x viagem de locomotiva). Os confrontos se tecem em redes. Daí nossa concepção de que o gênero do *Mistério-Bufo* está muito mais próximo das menipéias que do épico. A sátira menipéia é um gênero que se alimenta dos confrontos, das relações, gerando todo o mecanismo de ambivalência que vimos referindo até aqui. Além do mais o arranjo estrutural visualizado pela ótica das menipéias tem muito a ver com a "montagem de atrações" formulada por Eisenstein e de nítida inspiração futurista. A montagem das atrações não só prevê esta sucessão dos episódios através dos conflitos, como também permite a incorporação dos acontecimentos da atualidade sob a forma de *sketch*. Ora, em Maiakóvski esta estrutura de *sketch* corresponde a uma transposição para a linguagem teatral da linguagem dinâmica dos cartazes (janelas) da ROSTA[5]. Que eram estas janelas senão uma série de vinhetas alinhadas com dizeres lacônicos e incisivos? Não é outro o tratamento que os acontecimentos do momento recebem na evolução da peça. Esta incorporação de fatos do momento histórico sob a forma de rápidos lampejos relembra outra particularidade específica da menipéia apontada por Bakhtin que é o caráter *publicístico*: modalidade de gênero jornalístico que possibilita o enfoque da atualidade ideológica. Segue-se um levantamento desses acontecimentos.

Expansionismo (1º ato)
    Lloyd George
        Minha bandeira está fincada
        Considero-me senhor sem concorrente
        Dos gelos, das nuvens, das neves.
    Clemenceau
        Desculpe!
        Minha bandeira foi colocada primeiro
        Esta colônia me pertence com plenos direitos.
    (...)
    Lloyd George (dirige-se a Clemenceau com punhos fechados)
        Hurrah! Inglaterra!
    Clemenceau (dirige-se a Lloyd George com punhos fechados)
        Vive la France!

Imperialismo americano (1º ato)
    Americano
        Olá, senhores. Digam-me,
        é aqui que estão construindo a arca?
    (Ele oferece um pedaço de papel)
        Aqui está um cheque de dois bilhões de dólares
        dos afogados EUA.

Fome (2º ato)
    Americano
        Eu sempre tive muito dinheiro
        mas estou morto de fome.
        Daria milhões em moeda corrente

---

5. Sobre a atividade de Maiakóvski na ROSTA e a conseqüente influência sobre a segunda versão do *Mistério-Bufo*, consultar A.M. Ripellino [96:91-8]. Sobre a relação da propaganda como forma de poesia, ver ainda 14:84-85.

109

e um quilo de diamantes
por apenas um pedaço de pão!

Jogo tático das potências (2º ato)
Lloyd George (para Clemenceau)
Eureka!
Deixemos de lado as discussões.
Entre um francês e um inglês,
não pode correr sangue ruim. O importante
é que eu tenho estômago e você também.
(...)
Clemenceau
Me entristece
pensar que eu tenha discutido
com um tão fino *gentleman*!
Lloyd George
Mas agora a inimizade está fora de questão:
nós temos um inimigo comum,
aqui está minha proposta.
(Ele tomou Clemenceau pelo braço e o conduziu para fora.
Depois de cochicharem eles voltaram.)

Clemenceau
Senhores!
Nós somos todos imaculados,
é justo que nós trabalhemos e nos molhemos?
Vamos fazer com que os Sujos trabalhem para nós.

Decretos do tzar (2º ato)
Clemenceau
Nós lhes daremos um rei!
Conciliador
Por que um rei? Eu prefiro
um comissário
de polícia.
Clemenceau
Porque um rei promulga um decreto
dizendo: "Toda a comida me pertence".
Então ele
comerá e nós também –
seus fiéis subordinados.
(...)
Padre (lendo num pedaço de papel)
Nós, Rei pela graça de Deus
(...)

Golpe da Revolução Francesa (2º ato)
Clemenceau (para Negus)
Ei, você!
Allons enfants para o mar!

110

Burocracia (2º ato)
> Lloyd George
>> O que você tanto confere?
>> Que tanto olha estes documentos?
>> Este trabalho não está à altura de nossa capacidade.
>
> Clemenceau
>> Você não entende nada
>> sobre administração governamental.
>> Cada crédito
>> e cada débito
>> deve ter uma marcação.

Colonialismo (3º ato)
> Camponês
>> Se vocês diabos olharem de relance
>> um escravo da colônia britânica
>> vocês poderão se assustar e sair correndo.
>> A pele curtida dos negros
>> serve até para encadernar livros.
>> (...)

Sindicalismo (5º ato)
> Soldado (com ares de importância)
>> Existe organização e organização.
>> A primeira providência a ser tomada
>> é o planejamento das táticas corretas –
>> uma agitação organizada
>> faz-se necessário, é o que me parece.

Grupo de "oposição dos trabalhadores" (5º ato)
> Caçador
>> Segundo meu modo de ver
>> nenhuma dessas coisas concorda
>> com a forma e a doutrina marxistas.
>> Eu defendo
>> uma plataforma diferente.
>> Eu sou pela libertação da pátria
>> dos trabalhadores russos
>> pela ruptura das barreiras entre fome e poder.

Eletricidade (6º ato)
> Acendedor de luz a gás
>> Parem com estas discussões!
>> Esta
>> é a eletrificação!
>
> Todos (em coro)
>> Eletrificação?
>
> Acendedor
>> Sim,

111

eletrificação.
Plugs pregados em enormes soquetes.

Concessão estrangeira (6º ato)
>   Mercador
>>   Eu poderia dizer não!
>>   Vocês estão indo muito longe!
>>   As concessionárias
>>   têm direito sobre estas cotas.

Hino da Internacional (Texto final)

Esta permeabilidade do discurso narrativo de se deixar invadir pelo discurso de outrem – a maioria das frases dos diálogos citados são transcrições diretas de outros discursos – ao mesmo tempo em que fornece uma *pluritonalidade* à narrativa, visto possibilitar a emissão de diferentes entoações ideológicas, não deixa de reproduzir também a dimensão paródica própria ao discurso das sátiras menipéias. A dimensão paródica, enquanto elemento de estruturação do discurso, a exemplo dos outros aspectos da estrutura composicional da peça, também se articula por relações e confrontos: o discurso de outrem sempre se incorpora com um certo espírito de destruição. Se num primeiro momento a peça como um todo nos lembra a cosmogonia dantesca, logo esta visão se transforma na reprodução da euforia magnética de Whitman [96:71]. Até mesmo os expedientes específicos das tragédias foram aqui desmistificados pela recuperação paródica: o recurso do *deus ex machina* se faz representar na emissão do Homem do Futuro exatamente num momento de aflição para os Sujos. Sua voz nada mais entoa do que um discurso dessacralizador do "Sermão da Montanha":

Homem do Futuro (2º ato)
>   Quem sou eu?
>   Eu não tenho classe,
>   nem tribo
>   nem clã.
>   Eu passei pelo séc. XXX
>   e XL.
>   Eu sou simplesmente o homem
>   do futuro.
>   Eu vim para apagar
>   as brasas na fornalha das almas,
>   pois eu sei
>   o quão é difícil

> tentar viver.
> Ouçam!
>
> Um novo
> Sermão da Montanha.
> Vocês estão procurando o Ararat?
> Não existe nenhum Ararat – nada!
> Isso vocês viram
> num sonho.
> E se a montanha não vai
> a Maomé, então que vá para o diabo!
> (...)
> O Paraíso que eu aclamo
> é o genuíno, apenas terrestre.
> Julguem vocês mesmos: Ele é como o paraíso de Cristo
> ou a greve de fome dos Apóstolos?
> Na minha casa celeste existem muitos palácios – cheios
> de móveis –
> e o conforto é o maior possível
> pelos acessórios elétricos.
> Lá o trabalho é doce e não caleja as mãos;
> o trabalho floresce em suas mãos como uma rosa.
> Lá o sol realiza tantos milagres
> que a cada grau
> vocês penetrarão em cama de flores tão largas quanto o mar
> (...)
>
> Meu Paraíso é para todos
> exceto para os pobres de espírito,
> que cresceram tanto quanto a lua
> do jejum da Quaresma.
> (...)
> Vocês têm todo o direito de entrar no meu reino –
> que é terrestre, não celeste!
> (...)
> Fora com a submissão insuportável à Natureza!
> Vocês irão viver com calor
> e luz, feitos pela eletricidade
> movida em ondas.
> (...)

O discurso de *Mistério-Bufo* não lembra apenas textos de outros autores, o poeta reescreve também seus próprios textos. Como o Homem do Futuro representa na peça o próprio poeta, ele retoma algo que ele escreveu em sua "Autobiografia" neste trecho final citado:

peça: "Fora com a submissão insuportável à Natureza!"
autobiografia: "Depois de ver a eletricidade, deixei completamente de me interessar pela natureza. Objeto não-aperfeiçoado" [100:86].

113

Em *Mistério-Bufo*, todos os gêneros e discursos renegados entram na estrutura da composição para assistir a sua morte e ao nascimento de outro gênero ou discurso. Com isso, o poeta demonstra a historicidade de sua arte, sua contingência e transitoriedade. A citação textual chama nossa atenção para a intertextualidade de todos os textos artísticos. "São citações conscientes e inconscientes de outros textos. São fusões e inversões de citações" [109:29]. A dimensão paródica que organiza todo este referencial se, por um lado, é inseparável das menipéias, por outro, é organicamente estranha aos gêneros puros (epopéia, tragédia). A paródia permite a criação do mundo às avessas, daí sua ambivalência.

A paródia enquanto princípio construtivo que desnuda o próprio processo da construção, ao incorporar uma multiplicidade de estilos, referências e citações, gera mecanismos de distanciamento a nível da representação que chamam a atenção para os meios de composição da linguagem. Estes mecanismos – inexistentes no épico – não só sustentam a prática teatral de Maiakóvski, como se constituem nos gérmens criadores de uma arte materialista em nosso século. Nesse sentido, seguindo uma linha evolutiva dos procedimentos no processo histórico, encontraremos no "teatro épico" de Brecht aspectos que evidenciam uma espécie de continuidade das preocupações estéticas de Maiakóvski. É como se as realizações teatrais de Maiakóvski encontrassem um respaldo teórico no campo das formulações estético-filosóficas de Brecht.

Operando com um sistema de inversão épica, Brecht retira do épico seu componente estrutural básico – sua qualidade narrativa – atribuindo-lhe uma nova função. Assim sendo, a narratividade passa a ser mecanismo destruidor de todas as formas expressivas entorpecedoras da percepção humana. Daí que, estruturalmente, o teatro épico mantenha uma linha muito próxima daquela desenvolvida por Maiakóvski. Tal como nos espetáculos de Maiakóvski, o teatro épico valoriza o caráter episódico das cenas como antídoto à catarse redentora das tragédias; a representação como prática empenhada na modificação da ação humana; o espetáculo como exercício de um ato visual complexo; a estilização, o exagero e a fantasia como obstáculos à empatia; a noção de teatro apoiado no desenvolvimento técnico e preocupado com o debate das questões da vida social; e o distanciamento como meio de tornar o banal, o cotidiano, extraordinário, desautomatizando percepção [11].

Sabemos que Maiakóvsvi não visava ao "distanciamento" de que falava Brecht. Ele queria antes que o público se incluísse na ação para que não se tornasse apenas um espectador inerte. Esta ação, mesmo criando a empatia, se propõe refratária a tudo que seja interior e psicológico, obrigando o espectador a uma atitude crítica.

No prólogo ao *Mistério-Bufo*, entretanto, encontramos recursos de representação que lembram muito o distanciamento brechtiano. Um personagem (Sujo) se apresenta no palco e conversa com os espectadores a respeito do espetáculo a que irão assistir. Este recurso não é apenas uma lembrança estrutural dos espetáculos populares. Mais que isso: ele libera o espectador para o espetáculo, incitando o distanciamento, pois o conhecimento prévio da intriga obriga a percepção a observar *como* o espetáculo se organiza. A própria presença de um Sujo no palco já revela a moral da história: os burgueses (Limpos) afundaram-se no dilúvio (Revolução) e só sobraram os Sujos (trabalhadores) para contar como é que foi.

O discurso do Sujo é todo ele uma réplica ao psicologismo e à empatia que tanto irritaram Brecht. O Sujo chama a atenção dos espectadores para refletirem sobre o que verão e justifica a necessidade do prólogo:

> Vocês verão o novo.
> Para enxergar aquilo que está acima de nossa cabeça
> é necessário que alguém nos dê a mão.

O Sujo obriga o espectador a não buscar o espetáculo apenas no palco:

> Por que esta sala está nesta bagunça?

Assim o espectador é induzido a perceber a narratividade cênica: o ator não detém sozinho o monopólio da narrativa, todos os elementos que integram o espetáculo são também narradores.

> O que faz você ir a um teatro?
> O prazer –
> só isso?
> Mas o prazer é completo
> se você fica olhando somente o palco?
> o palco, como você sabe,
> é somente um terço do local.

O que acaba sendo criticado é exatamente a postura amortecida pelo psicologismo oferecido pelo Teatro de Arte, que é bastante diferente da proposta maiakovskiana:

> Nós também
> vamos mostrar a verdadeira vida,
> pelo prisma do teatro
> transfigurada
> transmutada
> transformada.

Depois desta implosão no cérebro do espectador, o Sujo fala das etapas do espetáculo. Ao terminar seu discurso consulta os técnicos:

> Está tudo pronto,
> O paraíso?
> O inferno?
> (voz atrás do palco: Pron-to!)
> Ao espetáculo!

Em nenhum momento o narrador (Sujo) deixou de ser o intermediário entre o público e o personagem que ele representa, lembrando ao espectador que ele estava "no teatro". Nem mesmo no final do espetáculo, quando o Mecânico convida os espectadores, os artistas, o diretor e os técnicos a participarem do canto do Hino da Internacional, consideramos que possa ter havido uma ruptura com o distanciamento que se manteve na peça. Neste momento, o palco se transfigura, tal como fora anunciado no prólogo: o palco deixa de ser um mero local de representação e se transforma numa tribuna política. A representação torna visível sua característica essencial: a passagem de uma dimensão a outra. Aliás a insistência de Maiakóvski no sentido de transformar o palco em tribuna nos parece uma proposta em si ambivalente, pois equivale a concretização do momento em que o espetáculo se distancia de sua instância representativa e caminha para o adentramento na agitação política *lato sensu*.

Esta possibilidade de leitura de Maiakóvski via Brecht (e a possibilidade de ver o "teatro épico" de Brecht como uma continuidade da desconstrução épica iniciada por Maiakóvski) nos remete novamente ao problema da intertextualidade, dispositivo de estruturação do discurso paródico, que graças a sua ambivalência possibilita a criação de um "mundo às avessas", como já se referiu anteriormente. Daí acreditarmos que o processo de inversão épica torna-se a qualidade fundamental do *epos* moderno que, através de sua historicidade, mantém um diálogo dinâmico com o passado, da mesma forma como fornece a medida do futuro, concebendo assim o gênero enquanto categoria dinâmica, que se movimenta no processo da evolução histórico-literária.

8. A ESTÉTICA IDEALISTA CONTRA A ESTÉTICA MATERIAL

Ao se afirmar que a poética sociológica do Círculo de Bathtin se articulou na continuidade dos princípios polêmicos insuflados pelo Formalismo Russo, corre-se o risco de reduzir, a um mesmo denominador, sistemas estéticos que, embora tenham se constituído a partir de princípios conceptuais muito próximos, envolvem preocupações diferentes na análise do objeto estético. Nos prolegômenos de sua estética geral[1], Bakhtin situa o Forma-

1. Os pressupostos da estética geral bakhtiniana, que sustentam as discussões deste trabalho, encontram-se desenvolvidos no ensaio "Problemas do conteúdo, do material e da forma na obra de arte literária" (1924), um dos primeiros escritos conhecidos de Bakhtin, incluído no volume *Voprósi literatúri i estetiki (Problemas de Literatura e Estética)*, publicado em Moscou em 1975, reunindo seis outros trabalhos, elaborados em diferentes épocas. Servimo-nos da versão francesa desses estudos [4:22-82]. Este ensaio está intimamente relacionado com um outro estudo de Bakhtin elaborado na mesma época. Trata-se de "Autor e Personagem na Atividade Estética"

117

lismo Russo como o real ponto de onde partiram suas investigações sobre o fenômeno literário. É inegável, neste sentido, o vestígio jakobsoniano existente em sua proposta de introduzir, no domínio das artes, o pensamento científico[2]. Contudo esse vínculo não foi suficiente para impedir que Bakhtin elaborasse uma crítica rigorosa ao sistema estético subjacente ao Formalismo.

A estética geral bakhtiniana entende que a abordagem crítico-teórica do fenômeno literário tem-se defrontado com dois extremos na análise de seu objeto. De um lado, há os que tratam a obra como um produto do psiquismo de seu autor; de outro, os que condenam toda interpretação psicológica e, por isso, pregam o fetichismo da obra como coisa. O Formalismo Russo, segundo os integrantes do Círculo de Bakhtin, constitui-se numa variante desta segunda tendência, o que significa que os princípios formais estão muito mais próximos daquilo que Bakhtin denomina estética material, ligada ao movimento formal alemão *(Kunstwissenschaft)*[3], do que de uma estética geral filosófica, concebida por Bakhtin como a estratégia fundamental de análise metodológica das concepções e dos problemas essenciais da poética. No entender de Bakhtin, a estética geral filosófica se choca com todo sistema estético de base formalista. Aliás, o próprio Eikhenbaum já havia se manifestado a respeito, declarando a falta de compromisso entre a arte contemporânea e a abordagem estética. Para o teórico formalista, num momento em que toda a atenção se volta para a análise dos problemas concretos apresentados pela obra de arte, não cabem discussões sobre o belo. A aproximação com o

---

[3:13-190]. Muitas das teses apresentadas no estudo de 1924 foram retomadas no ensaio assinado por V.N. Volochinov, "Discourse in Life and Discourse in Art (Concerning Sociological Poetics)", publicado sob a forma de apêndice ao livro *Freudianism: a Marxist Critique* [127:93-115]. Este ensaio existe também em versão francesa, no livro de T. Todorov [119:181-215].

2. Sobre uma possível aproximação entre Bakhtin e R. Jakobson, K. Pomorska chega a observar, em seu breve estudo sobre algumas categorias bakhtinianas ("Mixail Baxtin and his Dialogic Universe") [94:169-174], que a noção de *cronotopo* — categoria de maior importância na hierarquização dos fatores estruturais do romance na sua tipologia histórica, já que organiza a análise do tempo-espaço no romance — é uma perfeita demonstração daquilo que Jakobson denominará *dominante estrutural* (p. 173). (R. Jakobson, *Selected Writings*, vol. V, The Hangue, Mouton, 1979, pp. 82-87.)

3. *Kunstwissenschaft* (ciência das belas artes). Disciplina que fundamenta o Formalismo Alemão nas artes, liderada por teóricos de diferentes artes como: Edward Hanslick (música), Adolf Hildebrand, Willhelm Worringer, Heinrich Wölfflin, Konrad Fiedler (artes plásticas), Oskar Walzel

Formalismo europeu representava, assim, uma possibilidade de compreender a forma artística e sua evolução fora das premissas impostas pela estética geral [35:5-6], ora reivindicada por Bakhtin. Ainda que Bakhtin situe sua estética filosófica como a contrapartida à estética material, não se pode dizer que suas formulações resultaram em algo totalmente adverso às proposições dos dois grandes movimentos desencadeadores da estética material, o Formalismo Russo e o Alemão. Embora nosso trabalho tenha por objetivo verificar a relação do Círculo de Bakhtin com o Formalismo Russo, não podemos deixar de nos referir, ainda que brevemente, às teses levantadas pelo Formalismo Alemão que inspiraram alguns conceitos bakhtinianos. Este ponto nos interessa particularmente por nos revelar que a estética de Bakhtin não é apenas uma progressão dialética dos princípios formalistas. Existe um momento de correlação transtemporal – configurado pelo movimento formal alemão – que será relevante para a análise da leitura que Bakhtin realizou do Formalismo Russo e de seu sistema estético. Faz-se, portanto, necessário apor, ao confronto estético propriamente dito, uma breve exposição das teses centrais do Formalismo Alemão nas artes e na literatura, corrente iniciada no

---

(literatura). H. Wölfflin, o principal articulador desta tendência, inspirou os movimentos formalistas, inclusive os russos, através de seu estudo *Kunstbeschichtliche Grundbegriffe (Conceitos Fundamentais de História da Arte)*, 1915. A. Hildebrand direcionou o estudo da obra de arte para aquilo que ele denominou "estrutura arquitetônica, onde se pudessem explorar as particularidades de sua construção em relação com o sentido" (*The Problem of Form in Painting and Sculpture*, 1939). E. Hanslick defendia que "na música não se pode falar de conteúdo fora do meio que a realiza. As idéias com as quais um compositor se exprime são pura e fundamentalmente de natureza musical" (*The Beautiful in Music*, 1941). O. Walzel, baseando-se nos ensinamentos de Wölfflin, estabeleceu o estudo da evolução literária em correlação com a história das outras artes (*Gehalt und Gestalt im Kunstwerk des Dichters*, 1973). (A bibliografia mínima sobre o Formalismo Alemão utilizada neste estudo foi a seguinte: P.N. Miedviédiev, "The Formal Method in European Art Scholarship (*Kunstwissenschaft*)" [85:41-53]; V. Erlich [48:55-60]; R. Wellek e A. Warren, "Literatura e Outras Artes" [130:157-170]; e, principalmente, K. Fiedler, *De la Esencia del Arte* [49:85-86]. Para Bakhtin, a teoria estética dos alemães também foi classificada como uma teoria impressiva (em oposição à teoria expressiva, que procura a exteriorização do estado interior, através mesmo da empatia). Na teoria impressiva o importante era mostrar que o centro de gravidade da arte se encontra na atividade formalmente produtiva do artista ("Autor y Personaje en la Actividad Estética") [3:86].

final do século XIX. Evidentemente, escapa aos propósitos deste trabalho estudar o Formalismo Alemão em contraste com a poética bakhtiniana. Cingimo-nos a uma breve exposição dos pontos emergentes nas teorias estéticas que vimos trabalhando.

De acordo com o que já foi esquematizado por Miedviédiev, a tarefa essencial do Formalismo europeu é o estabelecimento da noção de *função construtiva* (conceito fundamental também para Tinianov no estudo sobre a linguagem poética). O que se pretende é mostrar a *arquitetônica* (Hildebrand) da obra, sua construção, onde os elementos só adquirem significado ao se estruturarem no todo. Nesse sentido, "a forma constitui, por si só, a matéria através da qual a obra de arte existe" [49:85]. Ainda que não concorde com a noção de forma como derivada do material, Miedviédiev não opõe objeções ao modo de K. Fiedler *olhar* os meios de representação. Estes não se revelaram para o teórico da visualidade pura apenas como construção, mas apareciam como veículo de projeção de sentido. Fiedler entendia que

a representação não designa uma atitude passiva de reprodução, mas uma função apriorística pela qual a intuição impõe uma forma cognoscível e, no caso particular da arte, perceptível, aos fenômenos. (...) Por isso, para Fiedler, não pode existir em arte uma distinção entre forma e conteúdo. Não é que a arte deva ser formal, mas o conteúdo é que deve ser a forma da arte, quando se trata desde logo de verdadeiras obras de arte. A arte só se distingue da *não-arte* porque expressa algo que de nenhuma outra forma pode chegar a integrar nosso conhecimento[4].

Esta seria, segundo se nos afigura, a grande máxima do Formalismo europeu que seduziu Bakhtin e Miedviédiev. Foi em concepções como esta que Miedviédiev, ao que é lícito supor, se inspirou para conceber a construção artística como um sistema de sentido, ou melhor, "um sistema visual de sentido" [85:49]. Em seu estudo, Miedviédiev explora as relações que esta orientação visual da obra guarda com a questão da percepção da forma ou qualidade da forma (*Gestaltqualität*), chegando mesmo à difusão da percepção sensorial do significado em suas qualidades visuais, auditivas e táteis. O conceito de forma como construção de sentido parece a Miedviédiev uma formulação integradora, principalmente se comparada ao conceito de forma enquanto material, de-

---

4. Alfredo Hlito, "Prefácio" ao livro de K. Fiedler [49:12].

senvolvido pelo Formalismo Russo. Na concepção dos formalistas russos, o Círculo de Bakhtin não localizou onde se acomodaria a noção de sentido, imprescindível à estética bakhtiniana empenhada em definir a arte como uma forma moldada pelo conhecimento e pela ação.

Um outro ponto importante a ser considerado na teoria do movimento formal do ocidente refere-se à revisão das noções tradicionais de história da arte. H. Wölfflin advoga, em seus estudos, uma "história da arte sem nome" (*Kunstgeschichte ohne Namen*), em que figurariam como principais protagonistas o gótico, o renascimento, o barroco, e assim sucessivamente. Preocupado em descobrir as leis específicas que mudam as formas e os estilos, Wölfflin substituiria por uma tipologia dos estilos o estudo dos mestres individuais, o que em termos de História Literária significaria estudar o processo de evolução da literatura em correlação, não com a história da cultura humana, mas com a própria História da Arte. Isto foi o que O. Walzel tomou como princípio prático de sua "teoria da iluminação mútua das diferentes artes".

Estes pontos já se revelam suficientes para lançar alguma luz sobre aquilo que no momento nos preocupa. Em que medida Bakhtin condena a estética material? Qual é a posição do Círculo de Bakhtin frente ao Formalismo ocidental? Qual é a relação do Formalismo Russo com o Alemão e como Bakhtin e seu grupo entenderam tal relacionamento?

Se há um ponto de coerência na estética bakhtiniana, este é o que se refere à negação da forma como um fenômeno derivado das particularidades do material (visual, fônico etc.). Esta postura faz com que o Círculo de Bakhtin rejeite a concepção dos formalistas russos de forma, em nome do conceito de "forma significante" dos alemães. Acabamos de nos referir à satisfação com que Miedviédiev recebera a noção de "sistema visual de sentido" dos ocidentais. Para Miedviédiev, os russos, diferentemente de seus predecessores alemães, não souberam operar devidamente a noção de construção como instância de projeção do significado ideológico da forma. O movimento formal alemão é louvado pelo agrupamento bakhtiniano por ter operado com a dimensão de sentido da construção poética. Assim, o Formalismo Russo não será censurado pela estética geral bakhtiniana por estar ligado ao *Kunstwissenschaft*, mas por não ter seguido a proposta do Formalismo europeu que interessou a Bakhtin, que é a noção de forma significante. Se Bakhtin tivesse colocado sua estética geral filosófica como um contraponto ao movimento formal do ocidente, estaríamos, de fato, mergulhados num impasse teórico-filosófico; afinal, Bakhtin, como observa Todorov, foi igualmente influenciado por este movimento. Sua teoria serve-se de termos como "construção poética", "construção arquitetônica", "estilo pictural e linear" (expressões usadas por Volochinov para caracterizar a interferência do discurso citado no discurso narrativo), cuja matriz conceptual é o Formalismo do ocidente [119:107-109]; [128:120-121].

O Formalismo Russo, ao focalizar o estudo da literatura, não em correlação com a história da cultura humana como um todo (se bem que Tinianov e Jakobson tenham proposto, posteriormente, a análise correlativa da literatura com as demais séries sociais), mas a partir da correlação com as artes de seu tempo, torna-se um forte aliado do Formalismo ocidental. É neste momento que a leitura do Círculo de Bakhtin com relação ao Formalismo Russo revela, a nosso ver, sua principal deficiência e contradição. Miedviédiev não ignorava que o movimento formal europeu se estruturara a partir das artes visuais e da música, campos de onde procederam seus principais articuladores. Todavia, ao se voltar para a análise do Formalismo Russo, há uma mudança radical de enfoque. O que nos salta à vista, antes de tudo, é o fato de em nenhum momento os teóricos bakhtinianos situarem o Formalismo Russo no âmbito da arte construtivista ou da arte cubo-futurista que marcou a época. Miedviédiev limita-se a uma breve referência à poética *zaúm*, mesmo assim para demonstrar como a linguagem transracional isolou a forma, sacrificando seu significado ideológico em nome dos aspectos composicionais. A tese básica do Formalismo Alemão, que orientou a práxis dos formalistas russos – a integração mútua das artes – não vimos registrada pela poética bakhtiniana, quando de sua crítica.

E nisto acreditamos encontrar a chave para uma leitura abrangente do Formalismo Russo em toda a sua complexidade teórico-prática.

Assim somos levados a situar, neste confronto, uma "réplica" de Bakhtin à questão da dissociação entre arte contemporânea e abordagem estética, levantada por Eikhenbaum. De acordo com Bakhtin, não se pode atingir a plenitude de uma abordagem científica das questões poéticas, se alijarmos do campo de análise o aspecto estético.

O domínio estético [assim como o do conhecimento, da ética, da cultura] encontra-se na obra de arte, não é invenção filosófica. Porém somente a filosofia sistemática com seus métodos pode compreender cientificamente o caráter particular do domínio estético, sua relação com o conhecimento e a ética, seu lugar no conjunto da cultura humana [4:26].

A análise do fenômeno literário à luz da abordagem estética exige uma sistemática em que os elementos da forma, material e conteúdo – dicotomizados pela poética formalista – sejam organizados segundo os critérios da avaliação social. A noção de valor é imprescindível nesta perspectiva analítica. Para Bakhtin é impossível ignorar que existe todo um contexto axiológico interferindo na caracterização do domínio estético. A própria fronteira da obra com o mundo só pode ser delimitada se se percorrer o critério da avaliação social. Nesse sentido, Bakhtin só concorda em falar de "forma esteticamente significante"[5], se a ela estiver integrado o conteúdo, ou seja, aquilo que na obra representa o mundo enquanto objeto do conhecimento e da ação ética. Na estética geral bakhtiniana, o conteúdo deixa de ser parte do material, que é a palavra, para se impregnar dos valores éticos e cognitivos.

Existe um confronto direto com o Formalismo no que se refere à noção de conteúdo. Na estética material, o conteúdo se coloca como um elemento da forma; entretanto, no momento da análise estética, eles não se fundem e aparecem como grandezas de diferente ordem. Para Bakhtin, a corrente que toma o conteúdo como um elemento da forma se coloca ante um problema metodológico: o conteúdo é substituído pela forma e esta, por sua vez, não tem nada a ver com a significação cognitiva e ética. O resultado é o rebaixamento do conteúdo ao nível puramente formal, o que significa um prejuízo para a significação artística da forma, que perde uma de suas funções capitais, a de unificação intuitiva do campo de conhecimento e do campo ético. A proposta de Bakhtin, no sentido de impedir tal rebaixamento, é entender o conteúdo como o correlato da forma artística, ou melhor, uma realidade do conhecimento e da ação ética que entra conhecida e avaliada no objeto estético, que sofre uma elaboração artística multiforme com a ajuda de um material determinado. Como bem observou K. Pomorska, para Bakhtin a forma artística se torna

---

5. Segundo Bakhtin "a forma esteticamente significante é a expressão de uma relação substancial com o mundo do conhecimento e da ação. Mas não se trata de uma relação cognitiva ou ética: o artista não pertence ao acontecimento como participante direto (pois, nesse caso, ele será conhecedor ou trabalhador segundo a ética), mas ele ocupa uma posição essencial face ao acontecimento, enquanto contemplador desinteressado, e compreende o *sentido axiológico daquilo que realiza*; ele não se submete ao acontecimento, mas simpatiza com ele, pois sem ter, em certa medida, uma atitude de participação axiológica, não se pode contemplar um acontecimento enquanto tal" [4:47].

ativa ao expressar e transformar um sistema de valores (lembrar a noção de signo ideológico formulada por Volochinov, à luz dos fenômenos da reflexão e refração). O dualismo que envolve todo signo artístico se justifica na medida em que todo conteúdo é também forma e cada traço formal existe porque é dotado de conteúdo.

> Bakhtin pretende que a própria vida (geralmente considerada *conteúdo*) seja organizada pela ação humana do comportamento e do conhecimento (*postupok i poznânie*), sendo, deste modo, já carregada de um sistema de valores no momento mesmo em que entra para a estrutura artística. A estrutura artística somente transforma este *material* organizado num *novo* sistema cuja distinção é caracterizar *novos valores* [94:170].

No entender de Bakhtin, a estética material se justifica na existência de uma arte livre, porém lhe parece que estar liberado da determinação do conceito não equivale a estar livre do conteúdo, já que a ausência de um objeto figurativo não equivale à ausência de conteúdo. A música serve-lhe como exemplo exatamente por parecer desprovida de precisão objetal e de diferenciação cognitiva; no entanto é profundamente carregada de conteúdo; sua forma nos conduz para além dos limites de sua realização acústica. O conteúdo é, portanto, ético. Nem mesmo nas artes abstratas pode-se determinar a forma como forma do material [4:32].

Como o centro da atenção da estética geral bakhtiniana é a questão da unidade entre os constituintes do fenômeno artístico e entre os fenômenos artísticos entre si, a marginalização da significação surge como a grande responsável pelo distanciamento entre estética geral e estética material no trato dos problemas poéticos. A estética material, quando relaciona sentido com o material que organiza a forma, desconsiderando o sentido que entra para a análise estética como aquele referente ao mundo e não à palavra, cria uma contradição nos termos com os quais opera. Bakhtin reitera variadas vezes, ao longo de seu estudo, que é impossível falar de um sentido isolado. Os formalistas, assim procedendo, são levados a aproximar a Poética da Lingüística, o que lhes parece ser a única saída para o enfrentamento científico das questões poéticas. Para Bakhtin, essa estratégia é uma redução do problema científico. A Lingüística só é indispensável à poética e à estética particular que estuda a natureza do material verbal, se for tratada como disciplina auxiliar, exatamente por lhe escapar o critério axiológico.

Conceder primazia a um elemento da construção, seja ele qual for, é um postulado incompatível com a estética geral filosófica. Bakhtin não perde de vista que, enquanto sistema dos problemas estéticos, a poética deve revelar os aspectos de união entre seus constituintes e não aquilo que os diferencia. Destruindo as fronteiras entre Lingüística e Poética, os formalistas passam a manipular a obra como um enunciado que vale por si, fixada sob a forma de procedimentos estilísticos e situada numa perspectiva exclusivamente monológica. Para Bakhtin, os aspectos unificadores da obra estão fora deste legado saussureano. Reconhece que as formas da obra não se revelam apenas na soma dos procedimentos. Veja-se que Bakhtin fala em "formas da obra", obrigando-nos a dessacralizar a monovalência da forma e arrebanhar sua múltipla caracterização. Existem formas que se reportam à estrutura artística da obra, incluindo os valores emocionais e morais, que o crítico russo denominou *formas arquitetônicas*. Existem as formas que se referem à estruturação física do objeto estético e suas leis científicas, como a estrutura lingüística da arte verbal. Estas, Bakhtin denomina *formas composicionais*. Não estamos diante de mais uma derivação terminológica, como pode parecer à primeira vista. A sistematização dos problemas estéticos, que leva Bakhtin a buscar as formas do conteúdo que moldam a obra de arte, é que se encarrega do apontar para uma estratégia onde se revele de modo claro a pressão que a camada axiológica exerce sobre os procedimentos da composição. Neste momento, encontramo-nos ante uma tipologia bakhtiniana nitidamente influenciada pela noção de "construção arquitetônica" de que falavam os formalistas alemães. Os russos, por sua vez, parecem distanciados de seus predecessores alemães, na medida em que não distinguem as formas arquitetônicas das composicionais, embora todo o processo de singularização do procedimento seja sustentado pela percepção, fenômeno direcionado para as formas arquitetônicas, como tentaremos referir mais adiante.

Na perspectiva da estética geral bakhtiniana, a Lingüística não passa de um instrumento auxiliar da Poética, e a língua[6] se enclausura na categoria dos elementos técnicos para a poesia, para o conhecimento e para a ação ética. Apesar de o elemento técnico ser absolutamente indispensável à construção da obra em sua configuração física, ele é fator que traduz a impressão produzida, sem, todavia, atingir a categoria dos componentes esteticamente

---

6. A língua russa não distingue *língua e linguagem*. A tradução francesa uniformizou o texto empregando o termo *langage*, sem considerar a distinção da lingüística saussureana. Optamos pelo uso do termo *língua* sempre que o texto nos suscitou a idéia do caráter lingüístico da estrutura verbal.

significantes do conteúdo desta impressão, ou seja, o objeto estético. O que leva a poesia a descaracterizar este matiz técnico é o modo com que usa a língua e seus constituintes. A poesia necessita da língua em sua plenitude, não se colocando indiferente a nenhuma das nuanças da palavra em sua estruturação lingüística. Já o conhecimento não tem o que fazer, por exemplo, com o aspecto sonoro da palavra, ou com a multiplicidade de entoações a que se sujeita na comunicação oral. Somente na poesia a língua é revelada em todas as suas possibilidades. Este é o ponto principal das controvérsias surgidas na interpretação formalista da língua em seu uso poético.

Algumas palavras de Bakhtin acima delineadas poderiam sugerir, em linhas gerais, certas proposições da teoria do estranhamento. Chklóvski observou, a propósito, que o discurso prosaico cotidiano absorve muitos dos constituintes lexicais e fonológicos das palavras devido ao automatismo que impera no momento de sua realização pela fala. A linguagem poética tende à singularização por recuperar estes elementos e devolvê-los numa construção tão plena de articulações, que nossa percepção do objeto acaba ficando estranha. Chklóvski detecta o estranhamento na relação que se estabelece entre os elementos do material (fonemas, morfemas, sintagmas etc.), daí a ênfase recair sobre o procedimento. Aí também se situa o estranhamento na passagem do prosaico para o poético. Bakhtin, que não aceita a noção de estranhamento nem tampouco opõe o poético ao prosaísmo comunicativo, mostra que um aspecto da linguagem comunicativa pode entrar para a poesia e causar uma construção inusitada (estranhamento para Chklóvski). É o que ocorre com a entoação, aspecto específico do discurso oral cotidiano, que, quando reelaborado a nível de discurso poético escrito, reproduz inúmeras combinações poéticas impensáveis fora desta correlação. A poética de Maiakóvski é o mais precioso documento deste postulado bakhtiniano. Todavia o Círculo de Bakhtin não reconhece nem o procedimento nem a relação de materiais que ele pressupõe como os principais ingredientes para a configuração da percepção estética. A linguagem na sua dimensão lingüística é incapaz de ativar uma visão estética do objeto. Palavras, morfemas, proposições e séries semânticas estão fora do conteúdo da percepção estética. Não são pontos de contemplação, mas etapas do trabalho artístico. "Tudo desaparece no momento da percepção como o andaime após o término de uma construção" [4:61]. A verdade é que existe algo além do material para o qual nosso espírito orienta suas intenções. Algo que se estrutura na própria construção arquitetônica da obra e que lhe confere valor, alvo primordial de nossa percepção estética segundo Bakhtin. O ardoroso trabalho realizado pelo artista sobre a palavra tem por finalidade utrapassá-la [3:168]; o objeto estético cresce na fronteira da palavra com a linguagem, onde as formas de avaliação social já imprimiram suas marcas. A estética da obra literária deve tirar o máximo de proveito de todo trabalho lingüístico para tão-somente compreender a técnica da criação poética, nos alerta Bakhtin, e não para justificar sua existência enquanto tal.

Por não terem reconhecido o valor e o sentido como fatores decisivos para a concretização da percepção estética, tornou-se evidente para Bakhtin que escapou aos formalistas russos um enfoque do objeto estético em sua construção arquitetônica. Só lhes foi possível, então, falar em percepção estética na medida em que esta foi colocada como a etapa final do processo de singularização do procedimento.

A percepção estética envolve todo um mecanismo individual, próprio ao sujeito que contempla a obra, atividade do espírito segundo Bakhtin. Os formalistas eliminaram do âmbito de suas pesquisas tudo que pudesse remeter a outros contextos que não à materialidade da produção literária. No entender do psicólogo L. Vigótski[7], a fórmula "arte como procedimento", ao assegurar à percepção a responsabilidade pelo estatuto estético do procedimento, acaba criando uma contradição que compromete os princípios fundamentais do Formalismo. Vigótski apóia sua argumentação no fato de que o Formalismo renuncia a toda e qualquer psicologia na estruturação de sua teoria da arte, e, no entanto, a base do princípio formal – a percepção – é uma premissa psicológica [125:77]. Realmente, o binômio automatismo/desautomatização, sustentáculo do conceito de estranhamento, Chklóvski encontrou-o examinando as leis gerais da percepção. Foi observando que as ações uma vez tornadas habituais se automati-

---

7. L.S. Vigótski (1896-1934) contribui para o avanço da psicologia do séc. XX, com estudos sobre a relação entre o desenvolvimento da psique e o ponto de vista social. Seu livro *Psicologia da Arte (Psiklológuia Iskustva)* – de onde extraímos o capítulo "A arte como procedimento" – foi escrito em 1925, permanecendo inédito até 1965. Embora apresente uma "crítica cerrada" ao Formalismo Russo, por ter este a pretensão de construir a ciência literária independente das bases psico-sociológicas, Vigótski, no capítulo VII do livro citado, apresenta uma "análise do conto *Respiração ligeira* de I. Búnin, efetuada segundo a metodologia elaborada pelos formalistas que são ali citados honestamente. (...) Mesmo assim, ela (a contradição) é bem significativa e mostra como se torna difícil deixar de lado a contribuição formalista, quando se procura efetuar *análise de estrutura* de uma obra, conforme Vigótski se propõe na p. 187". [103:103-104].

zam, que o então líder da OPOIAZ concebeu a manifestação artística como aquele produto capaz de reconstituir a complexa sensação do objeto como visão e não como reconhecimento. Para Vigótski, a contradição se estabelece quando os formalistas afirmam aquilo que inicialmente negaram. Proclamam a soberania do procedimento, mas terminam dizendo que a finalidade da forma é a sensação dos objetos. E a sensação dos objetos só é completa se se referir também ao conteúdo. Guiado pelos experimentos históricos em Psicologia, Vigótski justifica-se afirmando que a percepção da forma não é em si um fato estético, mas sim um ato primário da psique animal. O ato de perceber os constituintes da forma isolada revela-se contraditório nos termos com os quais opera, daí não prescindir de uma interpretação psicológica. Ao escapar da interpretação psicológica, o Formalismo cai num "hedonismo elementar de matiz kantiana", onde o importante é a pura contemplação dos objetos que não dependem do significado, o que denuncia a Vigótski a inconsistência de toda esta teoria.

O estudo de Vigótski mantém alguns pontos de contato com a abordagem prevista pela estética geral bakhtiniana. A interpretação psicológica se une à estética sociológica para juntas exprimirem as vozes abafadas pela crítica formalista. O ponto chave desta aproximação é aquele que mostra a impossibilidade de se falar em ação perceptiva da forma se a ela não estiver integrado o conteúdo. Bakhtin, contudo, vai mais longe em sua formulação. Só admite falar em forma, se se tratar da forma do conteúdo inteiramente realizada no material, como se a ele estivesse soldada, o que explica sua preferência pela terminologia dos formalistas alemães, que ao invés de *forma* empregam o termo *construção*. Quando os formalistas russos falam em "sentir a forma", Bakhtin entende esta sensação como uma atitude meramente psicofísica, já que elimina o primeiro grau da atividade cognitiva, a percepção sensorial regulada por um conceito; além de o sentimento encontrar-se privado do objetivo que lhe dá sentido. Quando a forma é significante para a arte, ela se dirige a qualquer coisa, ela pressupõe o valor diante do material. É indispensável admitir um elemento do conteúdo que permite interpretar a forma de maneira mais substancial de que pelo viés de um hedonismo grotesco, acrescenta Bakhtin. A forma só se realiza com a ajuda do material, mas em sua significação ela o ultrapassa. A prova mais evidente de que o sentido da forma é algo que está ligado, não ao material, mas ao conteúdo, é que para o escultor, por exemplo, a atividade de valor criativo não está no mármore, em sua realidade e determinação física; a forma da escultura esteticamente significante é aquela de um homem e seu corpo [4:31; 127:108]. A forma tomada como forma do material e desprovida de elemento axiológico vira mera intenção emocional e volitiva.

Na estética geral bakhtiniana, a percepção estética não é fruto nem do material, nem do procedimento e muito menos pode ser situada no psiquismo de seu autor. O alvo para o qual a percepção estética se dirige são os valores da atividade artística, sua significação axiológica. Como bem observou Miedviédiev, perceptividade e automatização não são categorias psicofisiológicas, nem tampouco são aplicadas apenas à literatura. Perceptividade é condição *sine qua non* de toda compreensão significante, inclusive dos fenômenos naturais. Não há razão para confiná-la apenas à construção artística [85:167]. Ao que Bakhtin acrescenta:

ver ou entender qualquer coisa não é ainda perceber sua forma estética. É preciso que aquilo que é visto, entendido, pronunciado, torne-se a expressão de nossa relação ativa, axiológica. É preciso penetrar como criador naquilo que se vê, se entende, se exprime, e, por isso mesmo, transcender a materialidade, a determinação extra-artística da forma; ela deixa de nos ser exterior como um material percebido e organizado de modo cognitivo, para tornar-se a expressão de uma atividade valorizante, que penetra no conteúdo e o transforma. Assim, quando eu leio ou escuto uma obra poética, eu não me situo no exterior de mim mesmo, como o enunciado de um outro que basta entender, e cujo sentido prático ou teórico deve simplesmente ser compreendido. Numa certa medida, eu construo meu próprio enunciado a propósito de um outro. Eu assimilo o ritmo, a entoação, a tensão articulatória, a gesticulação interior (criadora do movimento) da narração, a atividade figurativa da metáfora etc., como a expressão adequada de minha própria relação axiológica quanto ao conteúdo. Pode-se dizer que minha percepção não visa as palavras, os fonemas, um ritmo, mas é acompanhada de palavras, fonemas, de um ritmo, visa ativamente um conteúdo. Eu o abarco e o finalizo (...). Eu me torno ativo dentro da forma, através dela ocupo uma posição axiológica diante do conteúdo (conhecido como orientação cognitiva e ética), e isto torna possível, pela primeira vez, a finalização e a realização geral de todas as funções estéticas da forma com relação ao conteúdo. Deste modo, a forma torna-se a relação ativa e axiológica de um autor-criador e de um contemplador (co-criador da forma) em relação ao conteúdo [4:71].

Como se vê, a percepção estética não existe fora do complexo jogo de interações entre os componentes estruturais da obra e da determinação do autor-criador e do contemplador, entidades exteriores à obra. Mesmo movido pelo idealismo existente em muitas de suas formulações dos anos 20, a preocupação com a construção de uma teoria estética coerente com o sistema comunicativo faz com que Bakhtin mantenha suas concepções dentro dos termos de sua teoria do dialogismo. Na verdade, toda relação axiológica, prevista por Bakhtin como fundamental para a manifestação da percepção estética, só se realiza pela atuação do outro, que em nenhum momento se ausenta de suas proposições, o que leva Todorov a afirmar que é impossível analisar a criação artística, do ponto de vista da poética bakhtiniana, fora da teoria da alteridade [119:166]. O próprio ato criativo foi concebido por Bakhtin como um fenômeno que depende não só da empatia ou identidade (*vjivânie*) entre autor e personagem, mas principalmente da interferência do autor enquanto ser que se coloca na exterioridade da obra. Este aspecto fundamental do ato criativo, Bakhtin só conseguiu exprimir valendo-se do neologismo *vnenakhodimost*, que literalmente significa "fato que se encontra no exterior", traduzido por Todorov como "exotopia" [119:153]. Nem mesmo a compreensão escapa da influência do Outro. No seu estudo sobre a questão da alteridade e criação em Bakhtin, Todorov mostra que a escritura arma uma estratégia cuja compreensão só se completa se for identificado um "supradestinatário" imaginado pelo autor. O diálogo é um fenômeno que resulta da interação com o Outro, mas pressupõe a compreensão replicante de um terceiro invisível e presente, que se coloca, simultaneamente, como figura de fundo e como aquele que está acima dos próprios interlocutores [119:170]. Daí Bakhtin afirmar que "somente o Outro como tal pode ser o centro axiológico da visão artística e, por conseqüência, personagem da obra" [3:168].

Esta breve referência à teoria da alteridade nos revela como Bakhtin vivenciava as proposições do movimento formal, principalmente à época da elaboração da teoria do dialogismo. O confronto neste momento é marcado pelo dualismo. Verifica-se, a um só tempo, uma nítida aproximação das teorias dos formalistas alemães e uma aversão total a todos os conceitos ligados ao efeito de estranhamento, base do Formalismo Russo. Todavia os pontos teóricos da concepção estética bakhtiniana parecem subsidiar a arte nova que se estruturou à luz dos princípios formais. É o que tentaremos abordar neste segmento.

A partir do momento em que Bakhtin concebe o ato criativo como um fenômeno dependente da co-participação do Outro, seu pensamento se encontra com a concepção do formalista alemão W. Worringer, para quem a atividade criadora é, por natureza, um deslocamento de si, um *Selbstentäusserung*, o que equivale a dizer que a arte só passa a existir quando o artista confere uma realização objetiva a sua vontade artística [119:152]. O processo de singularização se contrapõe a esta concepção pois, para os formalistas russos, a criação das formas artísticas não se vincula ao ato volitivo do autor, mas sim à combinação de materiais. Tal concepção é, para Bakhtin, a valorização da forma em sua função elementar, que é a função de isolamento em relação ao conteúdo. Assim se expressa Bakhtin:

> Aquilo que os formalistas chamam de estranhamento não é mais do que uma expressão metodicamente imperfeita da função de isolamento que, na maioria das vezes, se relaciona incorretamente com o material: é a palavra que devemos singularizar pela destruição de sua série semântica habitual.

De acordo com a leitura que Bakhtin realizou da teoria formalista, o isolamento foi entendido como um modo de desligar o objeto, o valor e o evento da série cognitiva e ética. Entretanto parece-lhe que o verdadeiro isolamento é aquele que

> torna possível, pela primeira vez, a realização positiva da forma artística, favorecendo o surgimento de uma relação com o acontecimento que não é mais cognitiva e prática, mas sim uma livre formação do conteúdo.

O que equivale a dizer que o isolamento, tal como foi concebido pelos formalistas russos, nega o caráter pessoal subjetivo da forma, impedindo ao autor-criador tornar-se parte constitutiva da forma [4:73].

Este ponto teórico não se coloca de maneira tão inflexível no contexto da arte contemporânea ao Formalismo, em que atuavam seus principais teóricos, caso do cinema de vanguarda da época que contou com a participação direta de Tinianov, Chklóvski, Eikhenbaum e Brik. Aqui os princípios essenciais do Formalismo aparecem despojados de um dogmatismo doutrinário que a crítica teórica está habituada a condenar. A arte construtivista, por exemplo, soube conjugar harmonicamente aquisição formal e metodologia da ciência moderna, inclusive a psicologia. O grande motor da arte preconizadora da inovação formal foi, sem dúvida alguma, o efeito de estranhamento, o que não quer dizer que a valorização dos elementos lingüísticos elimine a importância do conteúdo ou da interpretação psicológica, como acreditam Bakhtin e o psicólogo Vigótski. Pelo contrário. A própria estrutura lingüística é animada por uma dimensão subjetiva que o artista transpõe para sua arte. O teatro construtivista nos deixou uma farta produção neste sentido. Os exercícios de biomecânica que Meyerhold impunha a seus atores eram uma forma de estes conjugarem seus movimentos não só com a disposição dos módulos da cena, mas de fazerem dessa isomorfia a encenação de um estado interior, de um sentimento ou idéia subjacente ao espetáculo. Em todas as realizações teatrais de Meyerhold, a forma é tomada como a forma de um conteúdo plenamente realizado no material e mediatizada pelo critério da avaliação social, exatamente como está previsto na estética geral bakhtiniana. Os próprios materiais que compõem a cena construtivista estão impregnados desta dimensão axiológica que a sociedade da época se encarregou de elaborar. Ferro, vidro, madeira, aço, artefatos de borracha foram alguns dos elementos que serviram de matéria-prima não só para edificar a nova sociedade socialista e industrial, como também para atender aos arrojos de Lavínski, El Lissítski, Taírov e tantos outros moduladores de cenários por onde desfilavam muitas das questões integrantes do sistema de valores da nova sociedade socialista e industrial.

A teoria da montagem, que orienta a estrutura sintática dos filmes de Eisenstein, é outro exemplo marcante de processo composicional em que a estrutura lingüística é, antes de mais nada, veículo de projeção de valores sócio-psicológicos. Teoria da Gestalt e efeito de estranhamento são imprescindíveis para a expressão do *Selbstentäusserung*, matiz especial da estética bakhtiniana. Em seus primeiros filmes, Eisenstein demonstrava como os procedimentos da construção formal (enquadramento, velocidade, angulação, iluminação etc.) se estruturavam no sentido de agir sobre a consciência do espectador, conduzindo-o de seu universo para o universo da obra. A construção deveria levá-lo a aplaudir, gritar, sair fora de si, tomado pelo *pathos* da composição. Não se trata, portanto, de atingir o espectador com o conteúdo, mas sim de dominá-lo com os meios que permitem realizar este conteúdo na composição [45:47-100]. Nesta perspectiva se desenvolveu também o Excentrismo do grupo FEKS (que se iniciou no teatro de Meyerhold e acabou se fixando no cinema), para quem a linguagem fílmica deveria ser guiada pela técnica formalista do estranhamento no sentido de se obter o máximo de efeitos psicológicos (agitação, provocação, choque).

Toda essa prática a que se submeteram os princípios formalistas leva-nos a descaracterizar o paradoxo apontado por Vigótski. Se a nível teórico o Formalismo encontrou-se com obstáculos de caráter psicológico para os quais não obteve resposta, a nível prático este problema não se colocou enquanto impasse. Será impossível querer dar conta da totalidade das proposições formalistas se permanecermos acomodados na perspectiva limitada da teoria que este complexo fenômeno lançou no cenário cultural de nosso século. Os críticos que se negaram, por qualquer razão, a ler os princípios formais integrados à práxis artística onde eles se desenvolveram (o grupo bahktiniano e Vigótski nos parecem ser os grandes exemplos desta tendência) acabaram linearizando uma abordagem teórica que, malgrado suas deficiências, em nenhum momento pretendeu fazer do dogmatismo existente nos primeiros estudos uma linha coordenadora da crítica e criação. Vigótski acusou o Formalismo de definir a linguagem poética por aquilo que ela *não* é, no entanto acabou por não entender o que realmente *foi* o movimento formal em seu desdobramento crítico-criativo.

A extrema valorização da lingüística pela poética não gerou apenas a supervalorização da linguagem em seus constituintes verbais; criou toda uma noção de impossibilidade de consciência do mundo fora da palavra. A noção de que todo o universo semiótico se submete à decifração de um discurso interior, da palavra interior que acompanha o homem na sua atividade mental, foi a mais forte herança legada pelo Formalismo e nem mesmo o Círculo de Bakhtin dela se desligou. Eikhenbaum observou, a propósito, que o cinema, arte sincrética calcada no primitivismo e na técnica, gerou condições particulares e inusitadas de percepção estética. A palavra audível do teatro, ao dar lugar ao movimento visível, obrigou o espectador a construir uma linguagem interior, sem a qual seria impossível a realização da percepção estética deste objeto cinemático [39:72]. Volochinov, igualmente, não conseguiu dispensar a palavra como meio auxiliar da compreensão e interpretação sígnica. Para ele, a palavra é o "signo ideológico por excelência", que, por prescindir de um recurso exterior ao organismo individual, acompanha todos os outros signos criados pelo homem [128:14-15]. Assim, a linguagem verbal é a forma privilegiada tanto na poética formalista como na do Círculo bakhtiniano. A distinção se estabelece quando se trata de eleger o *modus operandi* do desempenho verbal que nos leva à percepção e cognição da realidade. Enquanto para os formalistas o procedimento era auto-suficiente na reprodução estética da realidade, para o Círculo de Bakhtin somente as formas enunciativas são capazes de tal empresa. O gênero foi tão valorizado pela poética de Bakhtin exatamente por ser uma forma enunciativa, um agregado de meios criados para se ver e conceptualizar a realidade.

Volochinov dedicou grande parte de seu estudo sobre a Filosofia da linguagem [128:141-59] ao tratamento da enunciação verbal enquanto meio de reprodução do objeto estético literário. O discurso interior, síntese da consciência individual e da vida interior, quando transformado em enunciação no discurso narrativo, cria um inusitado efeito estético, configurando o discurso quase-direto (*nesobstevenno-priamaia rec*, traduzível para o português, a exemplo da versão francesa, por discurso indireto livre). O discurso quase-direto (indireto livre) diz respeito às formas de transmissão do discurso do Outro na narrativa. Citação esta que não se transmite pelos contornos da fala do narrador, mas que impõe suas próprias modulações. Numa mesma construção lingüística se defrontam as entoações e acentuações do discurso do personagem e do narrador. Em última análise, são os julgamentos de valor do outro que interrompem a entoação do narrador. Não só a verbalização, mas principalmente a personalidade do falante é que se deixa vazar, o que levou M. Holquist a definir o discurso quase-direto como aquele que formalmente pertence ao narrador, mas emocionalmente é ditado pela consciência interior do personagem. Ou seja, um discurso interior transmitido e regulado pelo narrador [55:433].

A criação artística possui, deste modo, dois aspectos empíricos a serem considerados: a obra material exterior e o processo psíquico de sua criação e de sua percepção, as sensações, representações e emoções. O objeto artístico não se encontra nem no psiquismo de seu autor, nem na obra que realiza. Existe uma rede de interações entre criador e receptor que tampouco pode ser ignorada. Por isso, a tarefa que se impôs à poética sociológica do Círculo bakhtiniano foi a compreensão desta forma particular de comunicação social. A tese formalista de independência do trabalho artístico da consciência criadora só tem sentido quando colocada como contraponto à estética psicológica que interpreta o trabalho artístico como expressão do mundo interior, da alma do artista. Ambas as formulações, isoladamente consideradas, separam a produção artística da enunciação social. E eis que nos defrontamos com uma contradição para a qual a estética material também não obteve resposta teórica. Não se pode separar aquilo que é comunicado das formas, dos meios e das condições concretas da comunicação. O relacionamento entre autor/leitor, síntese de todo este processo, muda constantemente e este movimento gera alterações no processo de comunicação. A mensagem, para o Círculo de Bakhtin, é uma ponte que se constrói entre autor e leitor. Não se pode eliminá-los na delimitação do objeto estético.

Enquanto Chklóvski entendia o discurso cotidiano como uma forma automatizada de discurso, Volochinov buscava no contexto da interação social as pulsões desse discurso que se transformavam em fatores estéticos. Verificou, assim, que no discurso cotidiano o contexto extraverbal é carregado de sentido para o interlocutor; a situação em que ocorre o ato comunicativo se integra no enunciado como um elemento indispensável à sua constituição semântica, logo, não pode ser marginalizada na interpretação da enunciação. O enunciado cotidiano, para ser considerado como um todo portador de sentido, tem de ser tomado em sua dupla articulação: uma verbal e outra subentendida. Aquilo que no discurso prosaico foi eliminado pelo automatismo é recuperado pelos aspectos não-verbais do discurso no momento da enunciação, aspectos que, de uma forma ou de outra, se agregam ao discurso como uma fração significante e inalienável. Isto leva Volochinov a considerar o enunciado cotidiano um entimema: o não-dito desempenha um papel fundamental na decifração do significado global do enunciado [127:100].

A enunciação é, portanto, a instância de ligação do discurso com o contexto extraverbal: a entoação conduz o discurso para fora de seus limites verbais, situando-o na fronteira do verbal e do não-verbal; do dito e do não-dito. É na entoação que o discurso entra em contato com a vida, e o locutor, com seus ouvintes. Nisto reside o caráter social da entoação. Não só a entoação, mas toda a estrutura formal do discurso depende, em larga medida, da relação entre enunciado e a comunidade de valores sociais à qual o discurso é destinado. Pela entoação e pelo gesto, o homem se engaja socialmente e toma posição ativa em relação a certos valores, conformando-se aos fundamentos de sua existência social. É exatamente este aspecto social da entoação e do gesto que deve interessar aos teóricos da arte, na medida em que é aí que se concentram as forças esteticamente criativas que edificam e organizam a forma artística destes fenômenos [127:102].

Esta característica de transitividade que marca toda enunciação, que leva o discurso de sua dimensão verbal para uma dimensão não-verbal, tese central do estudo de Volochinov, serve para nos mostrar que a cognição da realidade não cabe nos justos moldes dos estudos lingüísticos, que sequer conseguiram dar conta das estruturas relacionais da sintaxe. As estruturas sintáticas não têm capacidade de refletir todos os aspectos da enunciação, se bem que Volochinov as tenha considerado como as que mais se aproximam da enunciação cotidiana [128:110]. Daí a estética geral defender que o discurso da vida não coincide com o domínio verbal. A Lingüística ainda não penetrou no universo do subentendido, do não-dito, próprio de toda enunciação. Mesmo na obra poética, o não-dito é igualmente importante como condensador possante de valores sociais inexprimíveis, sendo estas avaliações as que se encarregam de organizar as formas artísticas como sua expressão direta.

O Círculo de Bakhtin não se intimida em declarar a legitimidade da oposição entre arte e vida, a que Bakhtin propõe uma formulação mais precisa. A realidade que se opõe à arte não pode ser outra que a realidade do conhecimento e da ação ética sob todos os seus aspectos: realidade da vida corrente, econômica, social, política, a realidade moral propriamente dita. Entretanto há uma diferença entre as posições do conhecimento teórico, da atividade prática e da criação artística frente a esta realidade. Para a estética geral, o conhecimento não aceita avaliação ética. É como se o conhecimento não encontrasse nada de preexistente, sendo o único marcado por um estado adâmico. Segundo Bakhtin, a particularidade do campo estético, que o diferencia claramente do conhecimento e da ação, é seu caráter receptivo em relação a esta realidade preexistente, uma realidade conhecida e avaliada eticamente que entra na obra e torna-se desde então um elemento constitutivo indispensável. Efetivamente, a vida não se encontra somente fora da arte, mas nela, no seu interior, em toda a plenitude de sua força axiológica, sociológica, política, teórica etc. A arte cria uma nova forma como uma nova relação axiológica que já se tornou realidade para o pensamento e para a ação. Na arte nós conhecemos tudo, nós evocamos tudo, mas no conhecimento não reconhecemos nada. O conhecimento e a ação são os primeiros, criam seu objeto pela primeira vez. Tudo isso pensa Bakhtin ao declarar que a forma esteticamente significante é expressão de uma relação substancial com o mundo do conhecimento e da ação. Nada na estética geral bakhtiniana está isolado, tudo se integra. Isto leva Bakhtin a afirmar que a estética material não pode fundar a História da Arte, como era a proposta formalista. A História não conhece pontos ou séries isolados. A estética material que isola na cultura, não somente a arte, mas as artes particulares; que trata a obra não como uma obra viva, mas como uma coisa, um material organizado, pode, quando muito, construir um quadro cronológico de alterações dos procedimentos técnicos de uma determinada expressão artística, pois uma arte isolada não pode ter História [4:37-45].

Esta é a mais severa crítica de Bakhtin à estética material e ao Formalismo Russo. Uma crítica endereçada ao núcleo de interesses do Formalismo: o efeito de estranhamento e o processo de singularização que ele pressupõe. Bakhtin não perdoa o fato de os formalistas terem reduzido os elementos da obra à condição de material e procedimento, principais agenciadores da novidade poética e da percepção estética. Interpretou, desse modo, que os formalistas, eliminando do horizonte de sua teoria a realidade social, política, econômica e moral, anularam a realidade preexistente a partir da qual o objeto estético se constrói. Bakhtin se opõe à noção de que a novidade seja um fenômeno sem qualquer relação com a realidade imediata, porque aí fica-lhe claro a ausência do aspecto cognitivo. Estaríamos ante um impasse teórico e uma controvérsia real, se a crítica bakhtiniana não estivesse, por sua vez, apoiada num pressuposto discutível, que confere um matiz dogmático à sua leitura da estética formalista, pelo menos quando considerada face à práxis artística que lhe é correspondente.

Opor realidade cognitiva e material verbal não nos parece uma tática adequada para a viabilização do levantamento tipológico das formas expressivas. O fato de os formalistas não terem dado importância à análise do conteúdo enquanto projeção do horizonte social não significa que a produção artística não guarde nenhum vínculo com a realidade que a cerca. Se assim fosse, a poesia futurista seria construída a partir de um código lingüístico fonética e graficamente exterior à linguagem verbal já constituída; a arte construtivista, de igual modo, não poderia se utilizar dos materiais da nova sociedade socialista e industrial. Afinal, num e noutro caso estamos diante da utilização de realidades preexistentes à arte. Ou não se pode considerar a língua e os artefatos industriais como realidades preexistentes?

Não podemos esquecer, em nenhum momento, que o trabalho artístico é, para os formalistas russos, um sistema de relacionamentos internos e externos. O próprio Tinianov se ocupou de demonstrar que a série literária vive da correlação com as outras séries culturais. Este sistema externo, que inclui a linguagem prática e o cotidiano, constitui o *background* contra o qual o trabalho artístico se projeta e através do qual se pode falar em percepção estética, já que a noção de estranhamento pressupõe um sistema convencionalizado e uma prática habitual. A insistência de Chklóvski, não entendida por Vigótski nem por Bakhtin, de que a percepção estética é a percepção na qual a forma é sentida, se justifica pela necessidade de mostrar o relacionamento existente entre o objeto e aquele que o percebe. A "forma" acaba envolvendo um relacionamento dual, que se completa com a visão do outro. Este aspecto, embora tenha escapado ao círculo bakhtiniano, foi o eixo central da arte constituída em torno às investigações formais. Nesse contexto, a novidade, tal como foi concebida pelos formalistas, assume os contornos da "nova relação axiológica" de que fala Bakhtin.

A desconsideração do relacionamento teórico-prático é uma constante nos estudos do Círculo de Bakhtin com relação ao Formalismo Russo. Esta dimensão é, contudo, imprescindível para o tratamento do aspecto ideológico das formas expressivas, bem como para o desmascaramento do enfoque semântico que distorceu, por um tempo considerável, o processo de percepção estética da obra literária.

O Círculo de Bakhtin sentiu-se autorizado a realizar o julgamento das propostas estéticas do Formalismo, seja pela sua "insuficiência", seja pelo "erro" de fundar uma teoria valorizando os elementos que se encarregam de formar a obra. Entretanto não enfatizou adequadamente que foi esta estratégia formalista que permitiu, inclusive ao próprio Bakhtin, falar em "forma significante", em ideologia do discurso polifônico, em gênero como a entoação primeira da obra, destruindo, assim, a concepção clássica do gênero como molde ou adequação, favorecendo, acima de tudo, a caracterização da percepção estética do objeto literário fora dos estreitos limites do aspecto conteudista da obra. O destaque para o modo de articulação verbal da obra não pode ser considerado, aprioristicamente, como um método dogmático, mas como uma etapa de um longo e complexo processo de leitura e desvendamento do objeto estético. Quando Volochinov nos expõe sua abordagem do discurso literário em contraposição ao discurso da vida, analisando a oscilação do enunciado em seu aspecto verbal e não-verbal, ele não está arrolando toda uma concepção que nos tenta provar, exatamente, o modo de formar do enunciado literário?

A crítica do grupo bakhtiniano, tal como as demais críticas ao Formalismo, ignora quase que totalmente que a iconoclastia de certos princípios formalistas não é fenômeno específico de sua teoria, mas marca do espírito que comandou toda a manifestação cultural e artística do período pré e pós-revolucionário. Como analisar ou emitir todo um julgamento do Formalismo, em nome dos valores determinantes das relações sociais e culturais, sem referir-se a esta ambiência em que a teoria foi germinada e desenvolvida? Esse descaso para com a produção artística contemporânea dos princípios formais[8], bem como a orientação de todos

---

8. Segundo M. Holquist, Bakhtin se colocou de fato na oposição aos movimentos de vanguarda que lhe foram contemporâneos. Bakhtin esteve em Vitebsk, cidade ao sul de Petrogrado, que durante o período pós-revo-

os seus estudos para os autores do passado, sem querer desmerecê-los, confere à abordagem bakhtiniana um matiz peculiar: a poética de Bakhtin convulsionou o estudo dos clássicos. Felizmente, o crítico soube reconhecer nestes clássicos processos composicionais da arte que lhe era contemporânea. Dialógica, carnavalizada, polifônica é toda arte da vanguarda pós-revolucionária. A própria articulação do discurso polifônico – o discurso quase-direto – constitui-se num modelo composicional típico do romance moderno, cuja compacticidade e densidade nos colocam nos limites da ruptura dos gêneros. Isso não escapou a Maiakóvski, a Khliébnikov e tantos outros ignorados por Bakhtin. O Formalismo foi, quando muito, estudado no cenário teórico do formalismo ocidental (*Kunstwissenschaft*), perdendo para este por ter desconsiderado, segundo Miedviédiev, a dimensão ideológica na construção da produção artística.

Acreditamos que os críticos da arte visual aprenderam muito mais com os formalistas a realizar uma leitura da ideologia impressa nas formas expressivas, do que os críticos da arte verbal. A crítica de cinema, principalmente aquela que recebeu a influência direta de alguns formalistas, como Chklóvski, Tinianov, Eikhenbaum, entendeu que a teoria formalista estava pronta para ser adaptada, de forma apropriada, em outras mídias [111:9]. Partindo da noção geral de que o processo de significação do filme não é propriedade da trama narrativa, do ator ou do cenário, tentou-se provar como os recursos meramente técnicos adquiriam a qualidade de linguagem ao desempenharem um papel específico não só na construção sintática do filme, mas também no processo que leva à sua decodificação pelo espectador. Hoje já temos conhecimento de um método "neoformalista" de análise do filme que leva adiante muitos dos princípios formais. Este méto-

---

lucionário se tornou importante centro cultural. Lá a vanguarda artística (Puni, El Lissítski, Malévitch, Ermoláeva, Chagal) exercitava a interação entre arte e vida – preocupação comum a todos os movimentos artísticos (Simbolismo, Formalismo, Crítica Sociológica, Futurismo) e o ponto central das divergências entre eles. Bakhtin se manteve alheio a toda esta agitação cultural da cidade, pois não simpatizava com a proposta de trazer a arte para a rua, nem com a posição pró-soviete adotada pelos artistas. Preferia cultivar o Simbolismo, movimento que se adequava melhor ao seu modo de viver. Curiosamente, foi em Vitébski que Miedviédiev aderiu ao grupo de Bakhtin. Empenhado em favor do ideário da revolução, Miedviédiev editava o jornal cultural da cidade, *Arte (Iskusstvo)*, que abrigava várias facções, inclusive bolcheviques. Volochinov contribuía para o periódico editando seus poemas [32:35-62].

139

do surge como uma significante alternativa para o método contextualista, adotado pelo *new-criticism* americano, e para o estruturalismo. O objetivo é mostrar que os elementos do filme, mesmo sem se constituírem em linguagem no sentido estrito da palavra, podem revelar qualidades estéticas, principalmente quando esses elementos se combinam de modo inusitado, criando dificuldades à percepção. Vale dizer, quando o princípio construtivo do filme é o processo de singularização dos procedimentos. Esses elementos, assim relacionados, geram a "cinematicidade" (*cinematicness*) do filme, revelando aquilo que o identifica como um objeto estético [111:24].

Do mesmo modo como o estudo específico da dimensão ideológica da forma não estava totalmente fora da perspectiva da teoria formalista, já que a práxis artística se orientava nesse sentido, podemos afirmar que o estudo do Formalismo Russo em correlação, não com a história da cultura humana, como foi previsto pela estética geral, mas com a arte de seu tempo, não se manteve permanentemente ausente do pensamento bakhtiniano. Em seu último escrito, "Para uma Metodologia das Ciências Humanas", 1974, Bakhtin apresenta uma espécie de revisão de seu estudo de 1924 sobre a estética material. Através de uma escrita cifrada, Bakhtin emite uma série de notas que nos levam a acreditar que houve um abrandamento nas posturas dogmáticas de 1924. A rigidez e o maniqueísmo com que nos apresentou muitos dos pressupostos de sua estética geral foram substituídos por uma abordagem flexível, sem a pretensão de construir uma proposição inquestionável. Não encontramos, em toda a estética geral, uma abordagem tão clara como esta, elaborada no sentido de mostrar o que se deve entender por tratamento científico em Ciências Humanas:

> A interpretação das estruturas simbólicas se vê obrigada a penetrar na profundidade dos sentidos simbólicos; para tanto não pode chegar a ser científica no sentido da cientificidade das ciências exatas [3:382].

É com esta postura não dogmática que Bakhtin revê sua posição com relação ao Formalismo Russo:

> Minha atitude frente ao Formalismo: a diferente compreensão da especificidade; o menosprezo do conteúdo leva a uma *estética material* (crítica no artigo de 1924); não *fazer*, senão criar (do material se obtém unicamente um *artefato*, um *objeto*); a falta de compreensão da historicidade e da mudança (a percepção mecanicista da mudança). A importância positiva do Formalismo (novos problemas e novos aspectos em arte); o novo em suas primeiras e mais criativas etapas adota formas unilaterais e extremas [3:392].

Se, durante todo este confronto entre Formalismo Russo e Círculo de Bakhtin, sustentamos a tese de que a grande importância do Formalismo foi a criação de uma teoria da literatura ditada por uma prática artística integrada às mais variadas expressões criativas da época, sendo, portanto, impossível o julgamento dos pressupostos teóricos dissociado dessa práxis, do modo como procedeu a estética geral e a crítica sociológica, agora temos nosso pensamento endossado pelo próprio Bakhtin. Com isso, Bakhtin se retrata dos aspectos omissos em sua estética geral. Sentimo-nos, portanto, liberados para utilizar as categorias bakhtinianas na leitura de algumas práticas artísticas que se desenvolveram a partir dos conceitos formalistas, num processo de "iluminação" teórica.

9. LITERARIEDADE E CINEMATICIDADE. DIALOGIA E DISCURSO INTERIOR

Quanto mais avançamos no estudo do Formalismo Russo, mais nos convencemos de que a grande contribuição desta corrente para os estudos literários não foram suas formulações polêmicas e demolidoras, mas sim a criação de uma teoria da produção textual entendida enquanto prática significante. O Formalismo não se correlaciona apenas com a arte construtivista ou cubo-futurista que lhe foi contemporânea. Há um momento de seu desenvolvimento em que alguns de seus princípios teóricos, ultrapassando o domínio da arte verbal literária, encontram uma plena aplicação no estudo da articulação de linguagens criadas através de um processamento científico-tecnológico. É o momento em que Chklóvski, Brik, Eikhenbaum e Tinianov, guiados pela fórmula da arte como procedimento, se voltam para o cinema e se encarregam de extrair de sua natureza técnica as leis de seu estatuto lingüístico, o que lhes revelaria o cinema enquanto linguagem. Pode-se dizer que existe toda uma rede de relacionamentos, congenialidade e de cumplicidade cultural entre a equipe da escola formal e alguns dos mais importantes cineastas do primeiro período soviético[1].

Chklóvski colaborou com Kulechóv; Brik, com Pudóvkin e Kulechóv; Tinianov, com o grupo FEKS[2]. Isto sem falar da mútua correlação existente entre o cinema eisensteiniano, a grande expressão do cinema de vanguarda, e princípios relevantes do Formalismo Russo.

Os formalistas perceberam, juntamente com os cineastas da vanguarda cinematográfica dos anos vinte, que o cinema, muito embora tenha sido concebido como uma arte narrativa, guarda-

---

1. G. Kraiski, *I formalisti russi nel cinema*, Milão, Garzanti, 1971 [2:481].

2. FEKS – *Fábrika Eksentrítcheskovo Aktiora* (Fábrica do Ator Excêntrico), grupo da vanguarda teatral e cinematográfica surgido em Petersburgo no final de 1921, sob a liderança de Grigori Kózintsev e Leonid Trauberg. Tornou-se um laboratório de estudo da representação do ator cinematográfico cujo desempenho pudesse ser equiparado às pantomimas, à desenvoltura circense, enfim, aos gestos geométricos. Estiveram ligados não somente a Maiakóvski e Meyerhold, como também ao cinema de Eisenstein. A grande realização cinematográfica do grupo foi *A Nova Babilônia* (1929). Relacionamos a seguir os roteiros cinematográficos dos formalistas, o diretor do filme e o ano da realização. Roteiros de V. Chklóvski: *Aguit* filmes (depois de 1922); *O Traidor* (A. Room, 1926); *As Asas do Escravo* ou *Ivan o Terrível* (Y. Tarich, 1926); *Amor a Três* ou *Três no Sub-solo* (A. Room, 1927); *A Casa de Gelo* (K. Eggert, 1928); *Ivan e Maria* (Chirokov, 1928); *A Aspereza do Caminho* ou *Contrariedades* (A. Room, 1928); *A Filha do Capitão* (Y. Tarich, 1928); *Ovod* (M. Maidjanov, 1928); *Os Cossacos* (V. Bárski, 1928); *Dois Blindados* (S. Timochenko, 1928); *A Casa da Rua Trubnaia* (B. Barnett, 1928); *A Última Atração* (Olga Preobrajênskaia e I. Pravov, 1929); *A Juventude Vencida* (M. Guelovani, 1929); *A Americana* (L. Esafika, 1930); *Horizonte* (L. Kulechóv, 1933); *Mínin e Pojárski* (Pudóvkin, 1939); *Balada Behring* (Y. Chviriev, 1969). Chklóvski fez também uma adaptação do texto *De Acordo com a Lei* de Jack London, que serviu de roteiro para um conhecido filme de L. Kulechóv, 1926.

Roteiros de I. Tinianov: *O Capote* (Kozintsev e Trauberg, 1926); *S.V.D.* (Kózintsev e Trauberg, 1927); *O Tenente Kije* (A. Feinzimmer, 1934).

Roteiros de O. Brik: *Tempestade sobre a Ásia* (Pudóvkin, 1928); *Dois-Buldy-dois* (L. Kulechóv, 1930); *Entrou em um Vulcão* (L. Kulechóv, 1941).

(Esta relação foi publicada na edição especial de *Cahiers du Cinéma: Russie années vingt*, mai-juin 1970, n° 220-221, p. 57. Não pode ser considerada uma listagem completa dos filmes que contaram com a colaboração dos formalistas.)

va traços reveladores de uma linguagem poética bastante significativa [99:289-297]. Uma linguagem sincrética, produto da articulação de recursos tecnológicos, que não dispensava, contudo, a contribuição das artes consagradas ao longo dos séculos, como a pintura, a literatura e o teatro. Entendiam que a câmera só conseguiu produzir um inusitado e fascinante recorte do mundo, porque soubera redimensionar aspectos importantes da linguagem do teatro, da literatura, da pintura, da música e, principalmente, da fotografia.

Todos estes aspectos enquadram os estudos formalistas sobre cinema na categoria dos estudos comparativos. Os formalistas não criaram um sistema de leitura do filme fora daquilo que já haviam elaborado em termos de teoria literária. Pelo contrário, partiram destas conquistas para deduzir as propriedades da nova arte e de sua linguagem. Assim, reconhecemos em Cklóvski o pesquisador incansável das relações existentes entre cinema e literatura; em Brik, o questionador da linguagem poética do cinema; em Tinianov, o formalista preocupado com as questões semânticas da imagem; e, em Eikhenbaum, o semioticista ocupado em estudar a dupla articulação do signo verbal cinematográfico, enquanto imagem e enquanto discurso interior.

Embora optassem pela estratégia dos estudos comparativos, a teoria formalista sobre cinema se desenvolve dentro das mesmas convicções que orientaram os estudos literários. Vale dizer, dentro das proposições elaboradas pela estética material. O núcleo dos interesses continua sendo o material gerador da linguagem, bem como os procedimentos estruturadores do filme enquanto linguagem. Com isso, o grupo revela-se empenhado em liberar o cinema do jugo da literatura e do teatro. Mesmo considerando estas artes como a grande herança do cinema, parecia-lhe imprescindível admitir que o cinema era uma linguagem artística produzida por recursos tecnológicos. Eikhenbaum chega mesmo a conceber a cultura cinematográfica como um contraponto à cultura verbal dominante até o século XIX. Julgou fundamental entender o sintagma cinematográfico como organização do movimento visível e da gestualidade do ator, independente, pois, da palavra audível, tão essencial ao teatro.

Na medida em que os formalistas deixam de ver o cinema como um mero veículo reprodutor de histórias, com a conseqüente valorização dos procedimentos construtivos, automaticamente se consagra o filme como uma linguagem poética, estruturada sobre seu princípio elementar: a montagem. Deste modo, a teoria formalista sobre cinema se mostra afinada com o cinema de montagem praticado na Rússia pós-revolucionária, que marcou toda uma geração.

Um novo e importante aspecto da teoria formalista se coloca neste momento. Se por um lado a escola formal se integra ao cinema de vanguarda, fornecendo elementos inovadores a toda uma concepção de arte, por outro, veremos que a noção de cinema como linguagem aproxima os estudos formalistas da tese do agrupamento bakhtiniano sobre o dialogismo. Os trabalhos de Eikhenbaum e Tinianov são fundamentais para mostrar a evolução de um estudo que transcende o processo da construção formal do filme, em busca de seus aspectos de significação. O que nos interessa explorar neste segmento é esta dupla correlação da teoria formalista. Sua integração teórico-prática com a vanguarda cinematográfica e com o dialogismo bakhtiniano.

Confessando-se um aficcionado pelo cinema, mas incapaz de assimilar toda a complexidade de sua linguagem, Chklóvski deduz as características elementares da linguagem fílmica recorrendo a comparações e analogias com os procedimentos composicionais da arte verbal. Chega ao mecanismo a partir do qual se estrutura o código cinematográfico, associando o discurso do cinema com o discurso descritivo da arte literária. Enquanto a descrição literária tem por objeto as palavras, prescindindo, portanto, das coisas que representa, a descrição no cinema cumpre seu papel real ao exibir a coisa visível. Chklóvski, contudo, duvida deste caráter mimético da descrição cinematográfica. Afirma que esta só consegue reproduzir "fielmente" o objeto descrito porque se vale de um código extremamente convencional que se encontra embutido na própria câmera, que é a perspectiva. Mostra como as diferentes distâncias focais das objetivas representam diferentemente as distâncias dos objetos no espaço, criando em nós a ilusão da profundidade. "Mesmo vendo os objetos com seu tamanho diminuído na tela, sabemos que na realidade eles não diminuem", alega Chklóvski [29:89]. O simples fato de as dimensões dos objetos serem alteradas ao serem captadas pelo olho unilocular da câmera, Chklóvski entendeu como uma operação de montagem.

A montagem é, para Chklóvski, o grande princípio organizador das linguagens artísticas. É a montagem que aproxima e interliga os fragmentos num conjunto, de modo que a mínima alteração de um abala a significação e o valor dos fragmentos restantes. (Anos mais tarde, Chklóvski reconhece que tal formulação prenunciava a noção de "Estrutura" elaborada pelos estruturalistas franceses.) Dentro desta linha de raciocínio, a mera articulação e combinação de palavras foi entendida por Chklóvski também como uma operação de montagem, o que o levou a tomar a linguagem verbal como um paradigma estrutural de todas as demais linguagens.

> Apalpamos o mundo com as palavras, da mesma forma com que os cegos apalpam o mundo com os dedos, e, involuntariamente, transladamos para este mundo as relações de nossa estrutura lingüística, como se o considerássemos um fenômeno igualmente lingüístico,

é o que pensa Chklóvski. Da mesma forma com que o escritor trabalha a relação de palavras, o cineasta dispõe as tomadas de um filme através da montagem. Afinal,

> o artista, às vezes consciente, outras inconsciente, em seu esforço de conhecer a realidade, elege as estruturas, determina os limites e as relações dos significados eleitos e comparados. Confronta diversas estruturas artísticas, transporta as leis de uma estrutura para o domínio de outras, cria subestruturas de acordo com sua disposição volitiva,

conclui Chklóvski [29:116-117].

Chklóvski concebe a montagem como um fenômeno inerente à própria linguagem. Fora da linguagem, o mundo lhe parece um complexo fragmentário e multifacetado. É o que atestam suas palavras:

> conhecemos o mundo fragmentado. Explicamo-lo mediante palavras, dividimo-lo em frases. As fraturas dentro da linha aparecem relativamente tarde. Igualmente tarde nasceram as maiúsculas. Uma maiúscula é a marca de montagem, a separação entre um pensamento e outro, entre uma e outra percepção. Na linguagem, a palavra existe unicamente como generalidade. A palavra concreta é percebida mediante montagem. Com palavras construimos frases; separamo-las, deslocamo-las, embelezamo-las segundo a escolha do material verbal. Criamos cenas, dividimos em capítulos. E, provavelmente, não existe percepção fora da montagem. A cortina era uma tesoura nas mãos do antigo diretor teatral [28:96].

Estas formulações de Chklóvski encontram-se plenamente justificadas dentro do projeto semiótico dos formalistas russos. Em nenhum momento a arte foi entendida como um fenômeno natural, mas como criação do homem. Sendo assim, é impossível ao artista reproduzir um fenômeno, seja ele qual for, em sua totalidade. Daí a importância da montagem como procedimento estrutural inerente a toda linguagem.

A arte [diz Chklóvski] sempre dividiu os objetos, mostrando a parι:, ou um traço, no lugar de um todo. Por mais detalhada que seja, continuará sendo uma espécie de ponteado representando uma linha. (...) É próprio da arte separar o semelhante e unir o distinto, exatamente porque a base de toda sua existência, enquanto fenômeno da criação humana, é a montagem.

E Chklóvski acrescenta:

dividimos a narração em capítulos e em versos; destacamos o caráter separado destes mediante o ritmo e a rima. Ao mesmo tempo, graças à rima, voltamos à palavra anterior e obrigamos o leitor a reler o verso precedente.

Afinal, – questiona Chklóvski – não é próprio da percepção do mundo o retorno, a comparação, a repetição do movimento "que extrai o desconhecido do conhecido?"[29:183].

Chklóvski vive num momento em que a montagem prevalece acima de todos os princípios construtivos do filme, daí seu interesse em discutir o assunto em profundidade. Este interesse se desenvolve no contexto da radicalidade criado pelos seus primeiros estudos, quando proclamava a necessidade de se entender a arte como procedimento. Mas não se pode dizer que tenha ficado sozinho. Além de Dziga Vertov, que acreditava ser o olho da câmera potencialmente mais capaz que o olho humano, já que este via o mundo sem montagem, Chklóvski lembra que o filme *A Greve* (1924) de Eisenstein é obra de puros procedimentos a começar pelo roteiro. "As dez páginas que o constituem" – conta o formalista – "não consideram a ação: só se fala em procedimentos cinematográficos, naquilo que se chamou *abusos* da câmera". O roteiro deixa de ser o registro de determinadas leis dramáticas universalmente conhecidas como válidas, para ser a exposição do conteúdo em forma de procedimentos que orientarão a montagem [28:99-100].

A escola da montagem soviética nasceu com a revolução, sendo a "primeira a pensar o cinema teoricamente, não como a precedente, que o usava como um mero registro técnico a serviço dos clássicos da literatura e do teatro" [88:56]. De acordo com Tinianov, o conceito de montagem estabelece a nítida oposição entre o antigo e o novo cinema. Para o antigo cinema, "a montagem era um meio de soldagem e de colagem, um meio de explicar as situações da fábula. Um meio, em si, imperceptível, oculto". Já para o novo cinema, "montagem é ritmo que esboça os pontos culminantes do filme". E por ritmo Tinianov está entendendo "a interação dos momentos estilísticos e métricos no desenvolvimento do filme em sua dinâmica" [114:66-67].

Em seu ensaio sobre os fundamentos do cinema, Tinianov avança as investigações de Chklóvski sobre a montagem. Mostra-se interessado em discutir a sintaxe da montagem. Para ele, as imagens cinematográficas evoluem dentro de uma ordem precisa, obedecendo a um desenvolvimento progressivo e alternativo. Este seria o princípio básico da montagem. As imagens se alternam tal como o verso caminha de uma linha para outra. Daí achar que, se se for estabelecer a correlação entre cinema e arte verbal, o mais correto seria aproximar o cinema não da prosa, mas da poesia.

Atentando para o objeto específico da linguagem cinematográfica, os formalistas diriam que, no cinema, o material criador de formas seria o movimento-ação. O cinema pode ser então definido como a arte da fotogenia, uma arte que usa a linguagem do movimento, inclusive aquele correspondente à expressão facial, aos gestos, às poses. A fotogenia e a montagem criaram uma dinâmica das imagens inacessível às outras artes.

Os estudos formalistas sobre a montagem e o movimento no cinema se lançam numa área até então intolerável para o grupo, a discussão do conteúdo impresso nas formas expressivas. Chklóvski não discute que a tarefa fundamental do cinema seja a reprodução do movimento. Mas, de acordo com seu aprendizado filosófico via Bergson, entende que o movimento é um fenômeno ininterrupto, impossível, portanto, de ser segmentado ou representado. O que o leva a deduzir que o movimento representado pelo cinema só pode ser um movimento-signo, um movimento semântico. O cinema cria a ilusão do movimento a partir de uma série de elementos imóveis, os fotogramas. Nós percebemos este movimento semântico pela ação do reconhecimento das unidades descontínuas.

O movimento humano [diz Chklóvski] é uma magnitude contínua, o pensamento representa uma continuidade em forma de uma série de choques, de segmentos infinitamente pequenos, minúsculos, até criar a continuidade (...). O mundo contínuo é o mundo da visão; o mundo descontínuo é o mundo do reconhecimento. O cinema é filho do mundo descontínuo. O pensamento humano criou um novo mundo não intuitivo à sua própria imagem e semelhança [27:48][3].

3. No seu estudo "A Arte como Procedimento", Chklóvski afirma que a única maneira de se desautomatizar a percepção comum dos objetos – ou seja, a única maneira de se criar percepção estética – é retirar o objeto do campo do reconhecimento e oferecê-lo como visão. Esta seria a tarefa primordial da arte. Ao estudar a relação do cinema com a arte verbal, Chklóvski nos exibe uma operação inversa. Define a impossibilidade de o ci-

Isto leva Tinianov a afirmar que, no cinema, o movimento não é visível. Ocorre de acordo com o tempo e decorre da repetição da imagem que tem uma certa duração. O que explica a contínua projeção de uma imagem na outra, onde uma cena surge da outra pela fusão, pela correlação das imagens entre si. O visível é, na verdade, uma questão semântica.

Tinianov considera a "pobreza" do cinema – falta de cores, de relevo e de som – como sua essência construtiva. As imagens no cinema só podem se projetar umas sobre as outras porque elas são planas; se elas tivessem relevo, sua interpenetrabilidade e simultaneidade não seriam convincentes. O que produz o encantamento de Tinianov é que, através da fusão,

a simultaneidade particular do espaço se revela. A lei da não-penetração dos corpos é vencida pelas duas dimensões da tela, pela ausência de relevo, pelo seu caráter abstrato [114:60].

Este procedimento específico do cinema tem sua importância enfatizada por Tinianov exatamente por não encontrar correlativo na linguagem literária.

O procedimento de construção da linguagem cinematográfica – a fusão – é singularizado no ensaio de Tinianov por concentrar o pólo da correlação semântica da coisa visível com o mundo.

No cinema, o mundo visível é dado não enquanto tal, mas por sua correlação semântica, expressa em termos de transfiguração estilística. A correlação dos personagens entre si, dos personagens com as coisas na imagem, assim como do todo com as partes (aquilo que se convencionou chamar de *composição da imagem*, como: ângulo da tomada, a perspectiva, a iluminação) tudo tem importância fundamental.

O signo semântico é derivado do processamento estilístico do cinema; a coisa é substituída por um detalhe (processos metonímicos e sinedóquicos). Assim, Tinianov encontra o "herói" da arte cinematográfica não no homem visível, nem na coisa visível, mas no meio estilístico que fornece uma visão inovadora [114:61].

---

nema "traduzir" a literatura, porque este promove o reconhecimento dos objetos que foram dados, pela arte verbal, como visão. Entendemos que Chklóvski sentiu necessidade de reverter os termos exatamente por ser o cinema a representação do movimento visível, ainda que este seja um movimento-signo.

Coube a Eikhenbaum explorar a fundo a estilística do filme dentro de uma concepção acentuadamente formalista e, paradoxalmente, bakhtiniana. Seus estudos manipulam elementos da teoria do estranhamento de Chklóvski, da teoria psicológica, da visão sociológica, mantendo-se em consonância com os pressupostos básicos da estética material.

A exemplo de seus colegas formalistas, Eikhenbaum declara que a invenção do cinematógrafo criou, após se vencer uma etapa eminentemente técnica, condições para fixação de uma arte cinematográfica, cuja característica essencial seria a ilusão do movimento. Entende, assim, que a câmera cinematográfica insuflou uma nova vida na fotografia. Dinamizou-a ao transformar a menor fração do fluxo do movimento em fragmento. A fotografia pura, relegada a um segundo plano, acaba mantendo com o filme, no entender de Eikhenbaum, a mesma relação que os formalistas detectaram entre a linguagem poética e prosaica. A câmera de cinema não somente permite a descoberta e o emprego de certos efeitos que a fotografia pura nunca utilizou, como também exige que o material fotográfico seja selecionado de acordo com critérios específicos, o que implica a ênfase nas qualidades fotogênicas.

O cinema representa para Eikhenbaum a possibilidade de criação de uma arte popular sincrética, usuária de meios primitivos e tecnológicos. O sincretismo não é propriedade exclusiva das artes primitivas, mas um elemento primário da cultura artística. Este pensamento leva Eikhenbaum a verificar que

a evolução da arte tomada como um todo é expressão da constante oscilação entre diferenciação e sincretismo; cada arte vive e se desenvolve contra o *background* das outras artes [40:10].

O cinema não foge à regra, já que representa um avanço significativo nas conquistas efetuadas na área da fotografia, ao mesmo tempo em que se serve da literatura, do teatro e da música, como observávamos anteriormente.

Aprofundando a questão do movimento semântico característico do filme, Eikhenbaum nos demonstra que não estavam fora da perspectiva formalista as considerações de caráter semântico, nem tampouco a contribuição de outras ciências, como a psicologia e a sociologia, para o estudo do aspecto "transcendente da linguagem". Eikhenbaum parte da noção de que a articulação da linguagem cinematográfica nasce da montagem das tomadas organizadas numa "frase fílmica", garantida pelo encadeamento semântico das imagens isoladas, fundado no princípio da continuidade espácio-temporal (o cronotopo, como diria Bakhtin). É esta continuidade ininterrupta das seqüências que vai conduzir o espectador ao que Eikhenbaum denomina "compreensão do significado". A estrutura estilística do sintagma cinemático requer um modelo discursivo ou narrativo, uma plataforma conceptual e um princípio regulador que permitam que o filme seja lido. Em outras palavras, o estudo estilístico do filme, que num primeiro momento sugere uma pesquisa estritamente formalista, é fundamental para a plena apreensão do seu significado.

A compreensão do significado do filme é tarefa a ser efetuada pela mente do receptor. É exatamente a partir da perspectiva do receptor que Eikhenbaum vai elaborar toda a sua formulação estilística do filme. É o espectador que decodifica as cine-frases e percebe seu significado.

Quando o espectador começa a assistir a um filme [diz Eikhenbaum] ele vê apenas os fragmentos isolados. Após duas ou três cine-frases, ele começa a estabelecer relações entre os personagens, o local da ação, o sentido dos gestos e dos diálogos. Mas tudo isso de forma muito parcial. Chega o momento em que se lhe esclarecem as relações semânticas entre todos os elementos que compõem o material de montagem; o período fílmico é finalizado pela intersecção da montagem dos segmentos em um ponto que ilumina a conexão mútua dos segmentos precedentes e conclui seu movimento. Geralmente é o *close-up* que, num papel análogo àquele do *fermato* em música, figura no papel de frase final: o curso de tempo parece vacilar, o filme retém a sua respiração... o espectador se abisma na contemplação [40:26].

É nesse momento que a estilística fílmica eikhenbauniana mostra desenvolver um traço marcante do dialogismo bakhtiniano. O aspecto estilístico da obra, ao ser definido pelo contato com um outro aspecto que lhe é exterior – o discurso interior do espectador – acaba criando a dimensão dialógica do filme. Não podemos nos esquecer de que, segundo Bakhtin, aquele que entende torna-se ele próprio um participante do diálogo [3:481]. Além disso, na concepção do vitalismo de Bakhtin, a própria mente foi definida como um sistema através do qual o homem responde ao mundo social. A preocupação de Eikhenbaum e de outros cineastas, como Eisenstein, com o discurso interior acaba refletindo uma necessidade de considerar o aspecto ideológico da linguagem artística, como explicaremos mais adiante.

O espectador de cinema dialoga com o filme não mais como o leitor de literatura. Enquanto este se move da palavra impressa para a visualização do assunto, o espectador realiza o caminho inverso: ele se desloca da visualidade, da comparação das estruturas em movimento, para sua compreensão. Ou seja, a imagem em movimento, organizada em seqüências temporais, obriga o espectador a construir um discurso interior para poder compreender aquilo que se lhe apresenta ao olhar. Este é o ponto fundamental de toda a pesquisa que Eikhenbaum realizou sobre o cinema e sua linguagem. O estatuto lingüístico do filme é obra do discurso interior do espectador. Vale dizer que a construção formal só adquire significado se entrar em interação com o outro, o espectador. Somente ele pode relacionar mentalmente os fragmentos e deduzir-lhes o sentido. Resta observar, ainda, que Eikhenbaum formula a dialogicidade do filme reportando-se a concepções do movimento simbolista, que fora, inicialmente, condenado pelos formalistas.

O processo singular de percepção do filme através do discurso interior assemelha-se, no entender de Eikhenbaum, àquilo que os simbolistas e pensadores religiosos russos chamavam de *sobornost*, relacionado ao verbo *sobirát* (reunir) (em russo antigo *sobor* significa assembléia). Assim, a noção de comunhão entre pessoas fica reforçada pela etimologia.

> Para os simbolistas, a justificativa moral e social da arte se encontrava na habilidade artística de transcender sua consciência individual e identificar sua vontade pessoal com a vontade divina. Isso tornava o artista capaz de transferir sua expressão individual para uma *experiência universal*, de expressar a *alma das pessoas*. A comunicação resultante deste *transe* não é um monólogo, nem tampouco um diálogo, mas uma forma de participação numa atividade comum. (..) Como uma faísca elétrica, a palavra é possível somente na conjugação dos pólos opostos da criatividade, o artista e seu público [40:11].

O cinema cumpre este ritual ao levar o espectador à construção do discurso interior. Apesar de sua natureza popular e seu caráter de arte de massa, o cinema é uma perfeita "arte de câmera", segundo Eikhenbaum. Em primeiro lugar, para se apresentar um filme, não há necessidade de um grande número de pessoas; o imprescindível mesmo é o projetor. Além disso,

> quando estamos no cinema somos indivíduos isolados, não somos participantes de um evento de massas. As próprias condições de apresentação fazem o espectador sentir-se completamente isolado.

O ritual da exibição de um filme convida o espectador à contemplação, a sentir-se como se estivesse observando alguém durante o sono. Por isso que o menor ruído exterior ao filme o irrita profundamente. Ele não quer sentir a presença do outro; quer sentir-se sozinho com o filme, como se fosse um surdo-mudo. É nesse momento que emerge a *sobornost* entre o espectador e o filme [40:12].

E, para completar o transe do ritual de exibição, não se pode esquecer que o cinema aniquilou a dominante maior do espetáculo teatral, a palavra audível, substituída pelo movimento visual em detalhes.

Enquanto para ler uma palavra necessita-se da compreensão antecipada do léxico e da sintaxe, para ler a imagem cinematográfica, necessita-se daquilo que Eikhenbaum denomina *adivinhação*, um processo de conhecimento apodíctico, fiado na natureza icônica do signo cinemático e na estrutura do mundo cotidiano assimilado com a aquisição da linguagem e o desenvolvimento conceptual [72:54].

A atividade religiosa, que sempre esteve presente na vida intelectual de Bakhtin, torna o conceito de *sobornost* uma noção fundamental no desenvolvimento de suas idéias. *Sobornost*, na teoria bakhtiniana, é expressão do verdadeiro senso de comunidade que dominava os integrantes de seu círculo religioso. Estes buscavam

um ideal comunitário onde cada personalidade individual pudesse evoluir, onde não houvesse o autoritarismo absoluto, onde reinasse um senso de interação comum – algo como os conceitos bakhtinianos de polifonia ou heteroglossia traduzidos em termos sociais [32:129].

Embora a discussão de Eikhenbaum sobre a estilística do filme privilegie o arranjo das imagens e os processos da estrutura fílmica (montagem das cine-frases, das cine-seqüências), em nenhum momento vêmo-lo desconsiderar o aspecto verbal. Recusa-se a aceitar a denominação de *cinema mudo* para o filme que não sonoriza a palavra. Mostra que mesmo prescindindo da palavra audível, o cinema preserva a palavra enquanto mímica articulatória. A palavra é considerada, mas num outro plano. Durante a filmagem, o ator não deixa de emitir sua fala. Eikhenbaum lembra-se de uma projeção num cinema inglês quando um grupo de surdos-mudos protestou contra o conteúdo dos diálogos entoados pelos atores, pois as frases não correspondiam absolutamente às cenas desenvolvidas na tela. Alegaram que os atores não se comportavam como surdos-mudos, não representavam pantomimas. Isso aconteceu exatamente porque a proximidade do ator com o espectador é muito mais acentuada no cinema do que no teatro. Um *close-up*, por exemplo, permite que se veja o movimento dos órgãos da fala do ator, identificando, assim, os fonemas articulados. Nesse sentido, o cinema apresenta mais verbalização que o teatro. Além disso Eikhenbaum lembra a importância que os intertítulos têm para o desenvolvimento do filme.

Os intertítulos interrompem não somente o movimento do filme na tela, como também o fluxo do discurso interior, forçando o espectador a ser temporariamente um leitor e perceber o que o *autor* informa-lhe através das palavras [40:13].

Eikhenbaum não deixa, todavia, de considerar que os intertítulos, enquanto elementos naturais do filme, devem ser realizados cinematograficamente. Os intertítulos criam um diálogo entre o espectador e o filme, daí sua dialogicidade. Entretanto

os intertítulos dialógicos não preenchem um vazio da trama nem injetam um "narrador" no filme, sua função é complementar e acentuar aquilo que o espectador vê na tela [40:15].

Por tudo isso, parece absurdo a Eikhenbaum situar o cinema num território totalmente fora da linguagem verbal.

Com estas formulações, vemos os estudos sobre cinema conduzirem as investigações formalistas para áreas até então hostilizadas pela radicalidade de seus princípios iniciais. A estrutura estilística, ao provocar a emergência de um discurso interior na mente do espectador, põe em pauta de discussão um problema ideológico importantíssimo para o cinema da época. Todo o cinema da vanguarda revolucionária visava, através de sofisticados procedimentos formais, incitar o espectador, levando-o a reagir. A estrutura formal torna-se, deste modo, o principal veículo por onde deveriam escoar as questões de sentido.

A estrutura do discurso interior, que toca tão diretamente em fenômenos de ordem ideológica, foi alvo de discussão da parte de teorias psicológicas, como a de L. Vigótski, assim como do cinema eisensteiniano, e definida como o aspecto primordial dos estudos bakhtinianos sobre a filosofia da linguagem. Eikhenbaum desenvolve seus estudos sobre o discurso interior vinculando-o à palavra. Concepção semelhante foi adotado por Volochinov. O psicólogo Vigótski não dissocia o discurso interior da palavra, mas não a considera em sua articulação fonética. O discurso interior lhe parece um discurso saturado semanticamente. Num outro diapasão, encontraremos o cineasta Eisenstein que tomou o discurso interior como uma formação essencialmente imagética. Vejamos como cada um a seu modo abordou a questão.

155

Vigótski parte dos estudos de Piaget (*A Linguagem e o Pensamento de Criança*, 1923), para definir o discurso interior e sua relação com a linguagem verbal. Piaget define o processo de aquisição da linguagem como decorrência da evolução do pensamento não-orientado para o pensamento orientado. Por pensamento orientado entendeu aquele que é consciente, inteligente e encontra-se adaptado à realidade, esforçando-se por influenciá-la. Por ter seu desenvolvimento influenciado pelas leis da experiência e da lógica, é um pensamento que pode ser comunicado através da linguagem. Logo, é um pensamento social. O pensamento não-orientado, diferentemente, é subconsciente, não se encontra adaptado à realidade externa, criando para si uma realidade de imaginação e de sonhos. Permanece incomunicável através da linguagem, visto que opera primordialmente por imagens. É um pensamento individualista, ou melhor, autista. Entre estes dois modos de pensar, Piaget diz existir uma lógica intermediária, denominada "pensamento egocêntrico", cuja lei suprema é o jogo. Este seria o pensamento das crianças. O autismo é, portanto, a forma original mais primitiva de pensamento: a lógica aparece relativamente tarde. O pensamento egocêntrico é o elo genético entre ambos. "Esta é a pedra de toque de todo o edifício teórico de Piaget" [126:24-25].

Analisando a linguagem das crianças, Piaget verifica que a conversação infantil caminha do discurso egocêntrico para o discurso social.

No discurso egocêntrico, a criança fala apenas dela própria, não se preocupa com o interlocutor, não tenta se comunicar, não espera qualquer resposta e, freqüentemente, nem sequer se preocupa em saber se alguém a escuta. [Ao que Piaget conclui] o adulto pensa socialmente mesmo quando se encontra só, ao passo que a criança, com menos de sete anos, pensa e fala egocentricamente, mesmo em sociedade [126:28].

Se para Piaget o discurso egocêntrico desaparece com o passar dos anos, para Vigótski este tipo discurso corresponde apenas a um estágio na evolução do discurso vocal para o discurso interior. Eis a grande contribuição de Vigótski para o avanço das conquistas piagetianas da relação entre pensamento e linguagem.

O discurso interior, tal como foi concebido por Vigótski, corresponde ao pensar de si para si; fora deste contexto, torna-se incompreensível. Entretanto esta característica do discurso interior não anula a dominante primordial de toda linguagem, que é o contato social, a comunicação. Para Vigótski todas as formas de discurso, inclusive o discurso egocêntrico, têm um caráter social. Com esta formulação, Vigótski confere um novo rumo para o desenvolvimento da relação pensamento e linguagem, se comparado seu ponto de vista com a linha traçada por Piaget. Para o psicólogo genovês, o pensamento se desenvolve do autismo para o pensamento social; enquanto que, para o russo, a verdadeira trajetória do pensamento é: discurso social, discurso egocêntrico, discurso interior. Em outras palavras: o discurso interior apresenta-se estruturado a partir do aspecto social da linguagem, embora se trate de uma formação específica, regulada por leis específicas, mantendo relações complexas com outras formas da atividade lingüística. Enquanto o discurso exterior consiste na transformação do pensamento em palavras, o discurso interior corresponde ao processo inverso, o discurso volta-se para dentro, para o pensamento [126:33-34].

O caráter social que Vigótski atribui ao discurso interior leva-o ao encontro da principal crítica de Volochinov à concepção freudiana de discurso interior. Enquanto Freud aborda o discurso interior do ponto de vista da psicologia individual, Volochinov tenta esclarecer o conteúdo ideológico da psique através da definição lingüística. Entende que o material semiótico da psique é a palavra transformada em discurso interior [127:24]. A palavra é o signo ideológico por excelência na filosofia da linguagem de Volochinov, já que é através dela que ocorre o processo de interação dos indivíduos na sociedade. Entretanto Volochinov acredita que as categorias lingüísticas, usadas para analisar as formas da linguagem exterior, são inaplicáveis ao discurso interior. Este assemelha-se a um diálogo, devendo, portanto, ser estudado à luz da dialogia. Volochinov toma o estudo do discurso interior como o problema fundamental da filosofia da linguagem.

Vigótski não considera o discurso interior como uma memória verbal ou pensamento verbal, como nos parece ser a formulação de Eikhenbaum e de Volochinov. Para Vigótski, o discurso interior opera com a semântica e não com a fonética. É um discurso estruturado sobre a predicação, com a conseqüente omissão do sujeito e de partes da frase que com ele se relacionam. Enfim, é um discurso onde o sentido (contexto) prevalece sobre o significado (zona estável), criando uma estrutura de linguagem condensada. Não deixa de ser uma estrutura lingüística muito parecida com a do filme. Da mesma forma como as imagens fluem na tela, uma a partir da outra, os sentidos das palavras no contexto do discurso interior confluem uns nos outros. Cada palavra isolada encontra-se tão saturada de sentido que, para ser explicada através de um discurso exterior, seriam necessárias muitas outras palavras. Buscar um significado para o discurso interior exige igualmente a técnica da adivinhação, apontada por Eikhenbaum como fundamental para o desvendamento do discurso cinematográfico. Daí Vigótski ter afirmado que o discurso egocêntrico é imcompreensível para os outros.

O estatuto verbal do discurso interior, que corre paralelamente ao filme, parece cada vez mais distante das configurações lingüísticas, principalmente agora que conhecemos a interpretação psicológica de Vigótski. Mesmo admitindo a incorporação do aspecto verbal, vemos que a dominante é a imagicidade e a plurissignificação em uma estrutura sintática condensada. Nesse sentido, o discurso interior lembra a poética *zaúm*: a palavra sem um significado e plena de sentidos, ou, como diria Eisenstein, que também considerou a importância do discurso interior da estrutura da linguagem cinematográfica, "o discurso abstraído do verbal e pleno da imagicidade" [41:214].

O. Brik, um formalista empenhado seriamente no estudo da linguagem poética, num precioso ensaio sobre Khlébnikov [12], nos expõe de forma clara e direta toda a dialética que envolve o aspecto fonético e semântico das palavras, e como a busca do significado único é improdutiva para a configuração da linguagem poética (vale dizer que estamos considerando também o filme como uma linguagem poética).

Para a maioria das pessoas [afirma Brik] as palavras são uma arbitrária combinação de sons aos quais se atribui um significado particular, através de um *acordo* entre usuários. Fora deste acordo, um determinado arranjo sonoro de nenhum modo se distingue das combinações sonoras significantes [12:104].

Para Khlébnikov, o poeta que, no entender do Miedviédiev, sacrificou o significado ideológico das palavras em nome da valorização extremada de seu material fonético, as palavras da linguagem humana não são signos convencionais que designam algo aproximativamente. Cada palavra parecia-lhe o ramo frondoso de uma árvore frutífera, com sua cadeia de sons e significados próprios, com suas diferenças formais e analógicas específicas, com seus sinônimos e homônimos particularizados. Khlébnikov temia que uma palavra ao ser empregada incorretamente, não desse conta de uma realidade. O seu senso de realidade era sensivelmente mais agudo do que o de um falante. comum, afirma Brik.

Quando Khlébnikov inventava palavras, ele não o fazia para designar um novo fenômeno ou a descoberta de uma nova variedade deste fenômeno. Khlébnikov nunca foi um esteta da palavra. Ele nunca pensou a palavra fora do objeto ou fato que era sua intenção designar. Quando Khlébnikov escreveu seu poema *Encantação pelo Riso*[4], ele estava convencido de que cada uma de suas palavras poderia encontrar seu lugar no complexo real do *riso*.

Khlébnikov não foi um inventor, mas um descobridor.

Revelou aspectos das palavras que nunca tinham sido percebidos. Uma palavra não pode significar nada; não pode deixar de se referir à realidade. *Zaúm* não é uma linguagem além do sentido (*zaúmnaia rétch*), mas uma combinação extralingüística de sons articulados pelos órgãos da fala humana. Todo arranjo sonoro além do sentido, ao encontrar uma realidade que lhe é correspondente, se transforma em palavra. Esta dinâmica é própria da língua viva. A grande obra da linguagem poética foi estruturar todo seu discurso a partir desta orientação [12:105].

Brik lembra do poema *Pro eto* de Maiakóvski como um magistral exemplo de trabalho sobre segmentos fonético-articulatórios da língua que conquistam o estatuto da palavra (apresentaremos um estudo de fragmentos deste poema no próximo capítulo).

Exatamente como as palavras de poetas russos como Klébnikov, Maiakóvski e tantos outros, viviam da riqueza de seus

---

4. O poema de Khlébnikov se constitui de uma série de expressões derivadas da raiz *smekh* (riso), trabalhadas morfologicamente na língua russa. Podemos ter uma idéia do texto original através de sua versão na nossa língua, feita pelo poeta Haroldo de Campos, a partir do projeto do poema russo. Vejamos:

> *Encantação Pelo Riso* [13:80]
> Ride, ridentes!
> Derride, derridentes!
> Risonhai aos risos, rimente risandai!
> Derride sorrimente!
> Risos sobrerrisos – risadas de sorrideiros risores!
> Hflare esrir, risos de sobrerridores riseiros!
> Sorrisonhos, risonhos,
> Sorride, ridiculai, risando, risantes,
> Hilariando, riando,
> Ride, ridentes!
> Derride, derridentes!

sons e sentidos, o discurso interior se sustenta de palavras saturadas de sentido. Daí o discurso interior que ocorre paralelamente ao filme ter sido considerado por Eikhenbaum como o elemento transmental do cinema. A saturação não deixa de ser um derivado do conglomerado de linguagens que estruturam o filme (visual, musical, verbal). O discurso interior tem de estar apto a relacionar segmentos de diversa natureza semiótica, através de uma complexa tarefa mental [38:125].

A questão do discurso interior foi alvo de um amplo debate tanto por parte dos psicólogos quanto dos teóricos da arte soviéticos. No âmbito das pesquisas formalistas, a concepção do discurso interior pode ser considerada a redenção da radicalidade inicial do Formalismo. O discurso interior encontra-se, igualmente, na base do cinema eisensteiniano, onde foi definido, diferentemente de Eikhenbaum, como uma formação mais imagística que verbal. Antes de explorarmos a caracterização do discurso interior no cinema de Eisenstein, achamos oportuna uma breve referência à relação de Eisenstein com a escola formalista [2:479-510;99].

Se a grande ambição dos formalistas foi a edificação de uma ciência da literatura independente da dominação do psicologismo e do sociologismo, Eisenstein "ambicionou construir uma ciência do cinema" [2:479]. Nesse sentido, podemos afirmar que existiu uma linha de ação comum entre as duas áreas de investigação teórica, muito embora os resultados tenham sido, muitas vezes, divergentes.

Eisenstein se ocupou da forma da linguagem cinematográfica, mas não pode ser considerado um formalista. Há nele uma rejeição manifesta do formalismo absoluto preso ao objeto. O que significa, conseqüentemente, uma rejeição da noção de forma como forma do material. Para Eisenstein, a organização formal tem uma função muito mais relevante que é dar origem ao conteúdo da obra de arte. Mesmo rejeitando o princípio básico da estética formalista, o cinema eisensteiniano retoma na prática muitos dos aspectos essenciais desta corrente teórica que lhe foi contemporânea. *Grosso modo*, podemos afirmar que a noção de percepção estética (e todas as questões que dela derivam), Eisenstein a herdou de Chklóvski; ao mesmo tempo, sua compreensão do aspecto semântico do filme como uma determinação do ritmo é uma resposta aos ensinamentos de Tinianov, um formalista igualmente influenciado pelo cinema eisensteiniano[5]. Vejamos alguns aspectos desta correlação teórica.

5. O crítico Léon Robel afirma que Tinianov foi influenciado pelo

Tal como Chklóvski, Eisenstein acredita no caráter convencional da linguagem cinematográfica. O cinema não mostra os fatos, mas as imagens convencionais (as fotos). Não são os fenômenos que a montagem convencional põe em confronto, mas os encadeamentos de associações [44:129]. Como já referimos anteriormente, a questão da convencionalidade do código cinematográfico foi um ponto discutido por Chklóvski, que procurou deixar bem claro que

a tarefa da arte é acumular convenções, não de as evitar. O cinema se desenvolve no sentido de aumentar constantemente a convencionalidade, que lhe permite integrar mais facilmente o público numa série ulterior de associações [2:485].

Ora, Eisenstein revelou uma paixão obsessiva por estes códigos. Seu cinema está marcado por traços inconfundíveis da escritura ideográfica, do teatro kabuki, da pintura chinesa, dos ícones medievais.

A sombra de Chklóvski também pode ser notada na própria construção sintática do filme eisensteiniano. A busca de ângulos inusitados, de lentes insólitas (a 28 mm, por exemplo, que revela uma capacidade incomum de deformar o objeto fotografado) e o uso do primeiríssimo plano de modo a produzir imagens excêntricas, não deixam de ter uma relação com o princípio de estranhamento elaborado por Chklóvski para desautomatizar a percepção. A própria montagem por conflito produz um efeito de estranhamento, exibindo um outro ponto de correlação com a teoria do formalismo, aquele desenvolvido por B. Tomachévski.

A montagem por conflito cria um tipo de desenvolvimento narrativo que, como observou o crítico B. Amengual, pode ser definido em termos daquilo que foi estabelecido pelo formalista Tomachévski.

Podemos caracterizar o desenvolvimento da fábula [declara o formalista] como a passagem de uma situação para outra, sendo cada uma caracterizada pelo conflito de interesse, pela luta entre os personagens. O desenvolvimento dialético da fábula é análogo ao desenvolvimento do processo social e histórico que apresenta cada novo estado histórico como o resultado de um conflito de classes sociais no estado precedente, e ao mesmo tempo como o campo em que se chocam os interesses de grupos

Encouraçado Potiómkin de Eisenstein na escritura de seus romances. "É visível — diz o crítico — em seus romances seqüências contrastantes, primeiríssimos planos de objetos e de partes do corpo, visões panorâmicas" [97:59].

sociais que constituem o regime social presente. Estes interesses contraditórios e a luta entre os personagens são seguidos pelo reagrupamento destes últimos e pela tática de cada grupo em suas ações contra um outro. O desenvolvimento da ação, o conjunto de motivos que a caracterizam, chama-se intriga (própria sobretudo à forma dramática). O desenvolvimento da intriga (ou, no caso de um reagrupamento complexo de personagens, o desenvolvimento das intrigas paralelas) conduz ao desaparecimento do conflito ou à criação de novos conflitos. Habitualmente, o final da fábula é representado por uma situação em que os conflitos estão suprimidos e os interesses reconciliados. A situação de conflito suscita um movimento dramático, porque uma coexistência prolongada de dois princípios opostos não é possível, e um dos dois deverá superpor-se. Ao contrário, a situação de *reconciliação* não acarreta um novo movimento, não desperta a atenção do leitor; porque tal situação aparece no final e chama-se desfecho. (...) Quanto mais os conflitos que caracterizam uma situação são complexos e os interesses dos personagens opostos, mais a situação é tensa. A tensão dramática tanto mais aumenta quanto mais se aproxima o desfecho de uma situação. Esta tensão geralmente é obtida pela preparação deste desfecho. (...) A tensão chega a seu ponto culminante antes do desfecho. Este ponto culminante é geralmente designado pela palavra alemã *Spannung*. Nesta construção dialética da fábula mais simples o *Spannung* aparece como a antítese (sendo o nó a tese, e o desfecho, a síntese) [121:177].

Contrapondo este longo fragmento ao estudo de Eisenstein sobre a constituição da estrutura orgânica do *Encouraçado Potiómkin*, veremos estabelecidos todo um feixe de correlacionamentos com o que foi sistematizado por Tomachévski. Vejamos.

A estrutura do *Potiómkin* é decorrência do desenvolvimento do tema, que está no todo da obra, assim como nos seus fragmentos. O filme se constitui de cinco atos. Cada ato é marcado por uma ruptura, que Eisenstein relacionou à cesura do verso poético, marcando seu ritmo. Cada ruptura marca a passagem de um movimento a seu contrário, aquilo que Tomachévski definiu por conflito. E todo este jogo de contrários que progride dentro de um determinado ritmo de acordo com as exigências temáticas, Eisenstein sistematizou em termos da secção áurea[6]. Em todos seus filmes, pode-se verificar que o desenvolvimento narrativo evolui pela passagem de um conflito a outro. E o dado mais importante desta correlação é que, no filme, os conflitos

---

6. Secção áurea, fórmula geométrica utilizada por Eisenstein para a análise da relação do todo e suas partes, objetivando determinar o ritmo do filme, bem como a relação do corte com o conteúdo expresso pela seqüência. Este conceito teve uma aplicação prática na análise da estrutura orgânica do *Potiómkin* (Eisenstein [45:47-100]; Julio Plaza [92:135-149]).

são "vividos" pelos personagens que representam classes sociais, tal como teorizou Tomachévski.

O filme se oferece ao espectador como um sistema significante dinâmico de correlação entre séries, lembrando a concepção de outro formalista: Tinianov. É esta correlação que confere organicidade à obra. Na análise de seu filme *A Greve*, Eisenstein mostra o quanto a concepção de Tinianov influenciou seu trabalho. Situando o seu filme no contexto das novas formas de cinema surgidas em conseqüência da nova ordem social, Eisenstein afirma que

a realização de *A Greve* percorreu a via propriamente revolucionária do novo domínio artístico. Integrou *dialeticamente*, em uma série material, métodos de elaboração que não são próprios a esta série, mas que pertencem a uma série diferente, vizinha ou oposta. (...) É assim que se produz a fecundação de uma série de fatos estéticos a partir de uma outra série [47:147].

A noção de obra como um sistema de correlação dinâmica integrado dialeticamente no contexto das artes e da cultura é fundamental para o ulterior desenvolvimento do discurso interior eisensteiniano, aquele que agrega, sintaticamente, o discurso sensorial do pensamento pré-lógico e o discurso lógico da linguagem exterior.

Desde que Eisenstein concebeu as leis do discurso interior como formulações idênticas àquelas que comandam a construção da forma e a composição das obras de arte, pode-se dizer que o discurso interior, assim como toda criação formal, se fundamenta num processo de pensamento por imagens sensoriais.

O discurso interior acha-se precisamente no estágio da estrutura imagético-sensorial, não tendo ainda alcançado a formulação lógica de que se reveste, ao vir à tona [42:224].

Toda a configuração sensorial que Eisenstein dedicou ao discurso interior não é mais que uma tentativa de estabelecer uma conexão entre discurso interior e pensamento pré-lógico, tal como foi formulado pelo antropólogo Levy-Brühl, uma modalidade de raciocínio que, por estar num estágio anterior às configurações lógicas, revela as condições ideais para o desenvolvimento da atividade criativa.

O pensamento pré-lógico – também chamado por Eisenstein de *pensamento sensorial*, porque representava a convergência da inteligência do espírito com os ritmos e pulsações do corpo – difere do pensamento lógico por juntar, misturar, dissolver tudo aquilo que este último distingue, separa, classifica. No pensamento *pré-lógico* o todo e a parte constituem uma só e mesma realidade; o subjetivo e o objetivo não são separados; as cores têm musicalidade e os sons se manifestam sob forma visual; a palavra se confunde com aquilo que ela designa. A atividade distintiva é sempre obra do raciocínio lógico, enquanto o pensamento *sensorial* é indiferenciador e difuso [76:76].

O discurso interior, enquanto pensamento sensorial, rompe com os limites da palavra e se impõe como um pensamento por imagens. Torna-se a grande expressão do cinema intelectual eisensteiniano. Enquanto Eikhenbaum via o discurso interior como a formação verbal provocada pelas imagens, Eisenstein o toma como um discurso onde as idéias se traduzem sobretudo pela imagicidade. Palavras são imagens, imagens são palavras lidas pela mente do espectador.

O discurso interior, para Eisenstein, não deixa de ser a resposta do espectador ao mundo exterior. É através dele que o espectador se transporta de seu universo para o universo do filme, totalmente dominado pelo *pathos* da composição. Difere, portanto, do discurso manifesto, pois em sua estrutura se acomodam o fluxo e a seqüência de pensamentos não formulados em construções lógicas.

Para os adeptos do cinema de montagem, é a construção do filme que organiza o discurso interior do espectador, e esta atuação torna-se sua maior arma política[7]. Sem sombra de dúvidas, o que está por trás de todo este debate é o questionamento da função social do cinema, bem como das modalidades de intervenção social. Esta problemática, tão evidente em toda a produção da vanguarda, não escapou, contudo, como era de se supor, aos formalistas enquanto teóricos do cinema.

Pode-se perceber que Eikhenbaum, mesmo mantendo-se fiel à fórmula da "arte como procedimento", propõe um modelo de cinema que entende a forma como o sustentáculo das questões de significação. O modo de construção estilística do filme torna-se a mais evidente expressão de seu significado ideológico, de seu aspecto temático. A síntese de todo seu pensamento teórico foi concretizada na prática aravés do filma *O Capote*, com roteiro de Tinianov e direção da dupla Trauberg e Kózintsev (do grupo FEKS). *O Capote* pretendeu ser a "transcriação" cinematográfica do conto de Gógol. Com ele, Tinianov pretendia, além de realizar um filme dentro de um horizonte pura-

---

7. E. Garroni [51] lembra que os estudiosos do Círculo Lingüístico de Praga também chegaram a se referir à linguagem interior em estudos sobre as funções da língua [120:89].

mente técnico e experimental, dar uma resposta às péssimas adaptações cinematográficas de textos literários, o que era comum ao cinema anterior à escola da montagem. Antes de entrarmos em considerações sobre este filme, ou melhor, sobre os ideais de sua realização, achamos importante situar a teorização formalista sobre a questão da adaptação. Ela nos fornecerá elementos esclarecedores para a compreensão do processo de "transcriação" da narrativa de Gógol.

A adaptação de textos literários para o cinema foi um dos pontos que mereceram um debate profundo nas pesquisas formalistas. Embora não se mostrassem interessados na adaptação, os formalistas realizaram alguns trabalhos do gênero, com o objetivo de apontar a transformação do procedimento quando submetido a diferentes linguagens. Chklóvski se colocara contra a tradução do material de uma língua para o material lingüístico de outra, pois acreditava existir entre elas obstáculos intransponíveis. "Se não se podem modificar os sons de um poema sem modificar sua essência, ainda menos se pode substituir uma palavra por uma sombra cinza-escura cintilando na tela", argumentava o polêmico formalista. Acreditava também que as imagens poéticas não são suscetíveis de visualização devido a sua natureza verbal.

> Não são suscetíveis de serem fotografadas nem sequer aquelas palavras particulares, palavras extraordinárias empregadas por Tolstói para descrever a vida cotidiana, arrancando o som das palavras da esfera da visão para a esfera do reconhecimento. Nem sequer o modo escolhido por Tolstói para fixar os detalhes para atrair a atenção é fotografável (...). Quase nada da novela pode ser transferido para a tela. Quase nada, com exceção do mero argumento [27:45-47].

A adaptação, tal como era praticada pelos cineastas do antigo cinema, sugeria a Chklóvski uma incapacidade de criação de obras de arte autônomas. Faltava nessas realizações aquilo que chamava "luta entre linguagens". A obra adaptada só era válida para Chklóvski se introduzisse no material real o momento atual de preparação desse material. Conclui Chklóvski: "a capacidade do uso estético do material real foi a maior virtude do grupo de Eisenstein" [27:120].

Eikhenbaum, contrariamente, acreditava na adaptação de obras literárias para o cinema, exatamente porque via no novo veículo um excelente modo de reprodução dos recursos estilísticos da própria literatura. O cinema, ao se servir da literatura, acaba por valorizar seus princípios construtivos. Segundo lhe parece, a literatura pode ser adaptada para a tela mais facilmente do que para o palco. Se no teatro o texto literário aparece enquanto articulação verbal, no cinema o que mais interessa é o nível das articulações estilísticas. Ao optar por esta alternativa, o cinema acaba traduzindo a literatura num plano diferente. Isso é impossível ao teatro, que permanece dentro da sistemática da representação teatral, a palavra falada. A literatura é, assim, diminuída no palco, pois aparece privada de seus métodos e potencialidades estilísticas (disposição dos episódios, digressões, discussões, detalhes, paralelismo etc.).

A literatura no cinema [esclarece Eikhenbaum] é um fenômeno de ordem diferente (...). É tradução em linguagem fílmica: é a montagem que transforma a fotografia em linguagem fílmica. Este é o ponto fundamental. O cinema não é simplesmente um quadro em movimento, mas uma linguagem fotográfica especial. Esta linguagem, com todo seu *naturalismo*, não materializa a literatura como acontece com o teatro. O resultado, certamente, é algo análogo a um sonho. Uma pessoa se aproxima, você vê primeiro os olhos, depois as mãos, até que tudo desaparece e surge uma outra pessoa, uma janela, uma rua, e assim por diante. É como se, tendo lido um romance, você sonhasse com ele [38:122-23].

A adaptação praticada pelos formalistas no filme *O Capote* não se submete ao texto. Reconhece que a natureza técnica da fotografia e as leis da montagem são muitos específicas e diferentes das leis literárias. *O Capote* procurou mostrar cinematograficamente

uma capacidade de enriquecimento lingüístico de integração e coordenação de códigos heterogêneos, capaz de proporcionar um estatuto teórico adequado ao projeto de arte sincrética e vistosamente complexa que as vanguardas haviam perseguido [86:234].

Tinianov idealizava, inicialmente, fazer um filme que ele próprio classificara de "conto cinematográfico". Para isso, escreveu um roteiro que conjugava três contos de Gógol: *História de como brigaram Ivan Ivânovitch e Ivan Nikiforovitch, Perspectiva Névski* e, naturalmente, *O Capote*, cujo protagonista, Akáki Akákievitch, se tornou o principal eixo de articulação do filme[8]. Tinianov sustentava que

8. Transcrevemos a seguir o argumento para o filme *O Capote* elaborado por I. Tinianov e publicado na revista *Krásnaia Nov*, nº 20, 1926. Nossa tradução foi realizada através da versão em língua espanhola que consta do volume editado por G. Rapisarda cit. pp. 67-68, sobre a atividade do grupo FEKS.

"Durante o reinado de Nicolau I, o jovem e humilde funcionário Akáki Akákievitch Bachmátckin vê, na Perspectiva Névski, uma mulher que o

o "conto cinematográfico" *O Capote* não é a transposição da célebre narrativa gogoliana. Para o cinema, transpor a literatura parecia-lhe um encargo difícil e ingrato, porque o cinema possui métodos autônomos e dispõe de procedimentos que não coincidem com os literários. O cinema pode unicamente tentar uma interpretação, de acordo com princípios originais, dos heróis e dos estilos. Este é o motivo devido ao qual não nos encontramos face a um filme extraído de Gógol, mas um conto cinematográfico *à maneira de Gógol*. Um conto no qual a trama se articula e os heróis se movem não do modo descrito por Gógol, mas do modo como sugeriria Gógol [86:235].

impressiona por sua beleza. Segue-a, mas um outro funcionário mais esperto o ultrapassa. A mulher, seguida pelo audaz funcionário, chega à frente de uma casa de tolerância onde um rico proprietário, de passagem por São Petersburgo, aproveita a ocasião para subornar um funcionário, induzindo-o a falsificar uma ata dos tribunais. No dia seguinte, o funcionário conta a proposta do rico proprietário ao seu companheiro e toma-o como intermediário, servindo-se da mulher.

"Enquanto isso, em sua casa, Bachmátkin sonha com a mulher, despertando com uns golpes na porta. Um criado da casa de má fama o convida a ir ter com a mulher. Surpreso, Akáki Akákievitch o segue. Na manhã seguinte, examina o absurdo e complicado assunto nascido por força dos agravos ilegais cometidos contra os privilégios de dois proprietários de terras. Bachmátkin se debate no dilema: fazer ou não fazer sumir os documentos? Acaba apanhando um par de tesouras:

"Akáki Akákievitch espera o castigo, trêmulo de medo, em sua repartição. Mas ninguém parece se dar conta de nada. Seu chefe briga com ele por causa de um borrão e o expulsa. Abatido, Akáki Akákievitch vai à casa de tolerância, discute com o proprietário de terras, recusa seu dinheiro e ameaça denunciar a falsificação. O proprietário enfurecido, o patrão e a mulher expulsam-no.

"Passam-se os anos. Akáki envelheceu. Seu capote está surrado. Começa a sonhar com um novo capote, que representa para ele uma espécie de 'agradável companheiro'. Depois de muitas privações, consegue reunir a soma necessária e obter um novo capote. Akáki sente-se renascer. Seus companheiros o cumprimentam. Convidam-no para uma festa. Akáki aceita orgulhoso e feliz. A princípio, todos o rodeiam e o felicitam, mas depois o abandonam e ele fica sem saber o que fazer. Volta para sua casa, no subúrbio da cidade. Em uma praça coberta de neve, ladrões roubam-lhe o capote e fogem. Akáki, aturdido, os persegue; próximo a um recinto fortificado, pede ajuda a uma esfinge, a uns empregados bêbados, a uma estátua... Uns operários aconselham-no a recorrer ao 'Personagem importante', que o ajudará.

"O 'Personagem importante' – funcionário atrevido que trabalhara com Akáki – obriga-o a esperar um largo espaço de tempo. Recebe-o, e, com muito alarde, reprova seu comportamento. Arrasado, Akáki adoece. Visões estranhas o atormentam. Morre como convém a um funcionário, escrevendo para sua repartição no impresso próprio – que o cancelem do quadro de pessoal por óbito."

O filme realizado à maneira de Gógol procurou recompor em linguagem cinematográfica certos valores literários realizados pela linguagem verbal. Procurou-se verificar de que maneira a forma de um determinado texto literário produz sentido quando submetida a um sistema semiótico distinto. No entender do crítico Pietro Montani, o simples fato de Tinianov tomar por código de partida um código *à maneira de Gógol* faz com que ele se sinta desobrigado de adequar os dois códigos, o de chegada e o de partida. "É uma questão, sem dúvida alguma, estreitamente relacionada com o sistema da tradução intersemiótica" [86:235], característica marcante da produção de Tinianov, formulada no seu projeto de correlação entre séries culturais e artísticas.

O que Tinianov busca trazer para tela é, na verdade, o *skaz*, definido por Eikhenbaum como a maneira de Gógol escrever seu conto. Em seu conhecido ensaio "Como é feito *O Capote* de Gógol", Eikhenbaum mostra existirem dois tipos de *skaz*: aquele que narra e aquele que reproduz. O *skaz* gogoliano é aquele que reproduz, aquele que introduz procedimentos de mímica e gestos expressos com palavras (a mímica articulatória à qual já nos referimos anteriormente), inventando maneiras cômicas especiais de organizar o discurso narrativo.

Parece que atrás do narrador se oculta um ator, de modo que o *skaz adquire um caráter de interpretação*, e a composição não está determinada pela mera concatenação de brincadeiras, mas por um certo *sistema de gestos distintos de mímica e articulação de voz* [86:237]. Para Eikhenbaum, a característica relevante da narração gogoliana se concentra na sua capacidade de negar-se como *escritura* e transformar-se em interpretação. (...) O narrador não é um contista, mas um comediante, um intérprete. O texto comporta, assim, um projeto semiótico: é executado por uma voz que o interpreta [86:237].

O *skaz* cinematográfico põe em relevo elementos que acionam todo um "sistema de relações entre os heróis da imagem", definidos por Tinianov como sendo a mímica e o gesto. Eikhenbaum nos fornece um exemplo claro desta configuração através do jogo metafórico existente a nível imagético.

Na cena entre Akáki Akakiévitch e o *personagem importante*, os ângulos variam. A tomada é feita de baixo quando Akáki se dirige ao *personagem importante*, e, de cima, quando este último grita com Akáki. *De cima* e *de baixo* são a metáfora verbal de *olhar com superioridade* [40:30].

Aqui a mímica articulatória fica a cargo da angulação, um recurso técnico-formal extremamente importante para a elaboração da linguagem fílmica.

O *skaz* em Gógol não é apenas um procedimento construtivo, mas também um procedimento semântico. Não diz apenas como *O Capote* é feito, mas sobretudo como produz sentido. Esta questão é fundamental em todo o processo de criação do filme, desde a elaboração do argumento até a consecução da montagem. O registro da cena foi realizado dentro deste espírito. É o que se pode deduzir a partir do pronunciamento de um dos operadores do grupo FEKS que trabalhou em *O Capote*.

Se o produto cinematográfico é um organismo complexo e significativo; se sua capacidade de significar depende do concurso de elementos heterogêneos (texto, cena, ator, enquadramento, velocidade da tomada, natureza da luz, estrutura da montagem etc.), para obter um produto coerente (e artisticamente rico) é necessário que cada um desses elementos seja controlado meticulosamente não só do ponto de vista técnico, mas também, em primeiro lugar, do ponto de vista formal, por ser este um componente *lingüístico* específico do organismo complexo, mas homogêneo, que constitui o filme [87:82-83].

O grupo FEKS, liderado por Kózıntsev e Trauberg, adotou em sua prática cinematográfica muitos princípios da escola formalista. A base de seu trabalho artístico é a improvisação e experimentação (por isso se autodenominaram "fábrica"), inspirados no efeito de estranhamento de Chklóvski. Trauberg e Kózintsev pretendiam elaborar uma sintaxe do discurso cinematográfico que representasse uma ruptura com todas as formas automatizadas de construção. Uma sintaxe de seleção dos momentos realmente significativos do filme, submetidos a uma relação não seqüencialmente linear, mas de choque. Com isso, mostravam ter incorporado o núcleo de toda prática de ruptura do teatro de agitação – a atração –, que consagrara as atividades de Eisenstein e Maiakóvski.

A atração era considerada uma "unidade de medida" da arte, cuja função principal era o exercício de uma ação direta sobre o espectador, fazendo-o reagir, não somente durante o espetáculo, mas também na sua práxis diária. Para Eisenstein, a potencialidade maior da atração é sua capacidade de se dispor matematicamente no espetáculo, provocando uma ação sensorial no espectador, que se traduz na forma de choque emocional (uma influência direta das concepções de Pavlov). Esta ação sensorial, este choque, visava levar o espectador à percepção de uma outra dimensão do espetáculo, sua dimensão ideológica. Por isso, Eisenstein considerou a atração como um elemento agressivo; o choque emocional que ela provoca obriga o espectador a sair da esfera da mera fruição do espetáculo para deduzir um significado que lhe está subjacente.

No cinema do grupo FEKS estas formulações se evidenciam nos filmes do tipo comédia-farsa, onde os efeitos cômicos ficavam por conta dos gestos violentos (bofetadas, cacetadas etc.). É todo um processo de desautomatização dos gestos e da própria representação, tornando o espetáculo cinematográfico uma encenação anárquica. Este anarquismo significava para o grupo um meio vigoroso de recuperação de um existir original e livre dos convecionalismos cotidianos. Assim devemos entender a práxis inicial do grupo FEKS, as provocações excêntricas e as surpresas de sua montagem. Afinal

as atrações são elementos primários, signos descarnados, letras de um alfabeto novo que pressupõe uma gramática do espetáculo plasmada por completo na imediata relação ação-espectador [95:222].

A técnica gogoliana de exploração do grotesco através de situações cômicas já havia se tornado fonte para o cinema soviético [73:202]. Kózintsev, numa referência ao texto de Gógol, afirma que este, embora tenha sido escrito num século em que o cinema não existia, fê-lo descobrir algo de novo em termos de possibilidades expressivas na tela [68:104]. Assim, toda a atenção dos diretores se voltou para a questão da mímica articulatória que o discurso dentro do discurso, previsto pelo *skaz*, revelava. Um discurso de "dupla exposição", tal como a fusão de planos cinematográficos, prática marcante do cinema de vanguarda que tanto encantara os formalistas.

O "conto cinematográfico" *O Capote* realiza na tela o *skaz* narrativo através da angulação (como já referimos anteriormente), da iluminação e, principalmente, através do desempenho do ator. Os gestos expressivos representados por Gógol na mímica articulatória das palavras do narrador, o grupo FEKS procurou reproduzi-lo cinematograficamente no movimento expressivo dos atores, verdadeiras demonstração do excentrismo do grupo. Concebendo o cinema como arte da fotogenia, os diretores julgavam imprescindível que a movimentação do ator diante da câmera fosse precisa e econômica. Os atores deveriam executar apenas os movimentos sintetizadores de autênticos temas visuais correlacionados entre si, evitando-se todo e qualquer estereótipo. Fundamental para esta empresa foi a assimilação da concepção do diretor teatral Meyerhold (com quem Trauberg e Kózintsev trabalharam inicialmente) do ator como engenheiro.

A arte do ator [dizia Meyerhold] consiste em organizar seu próprio material, ou seja, na capacidade de utilizar, de maneira apropriada, os meios expressivos de seu corpo [95:223].

Isso todo ator do teatro meyerholdiano conseguia praticando exercícios de biomecânica, boxe, acrobacia, piruetas e dança moderna (*cancan* francês, *ragtime* e *jazz*, expressão maior do excentrismo americano). Trauberg e Kózintsev encontraram na representação excêntrica do ator um modo de liberação do movimento convencionalizado do antigo teatro. Acreditavam num pensamento tão bem formulado pelo poeta Maiakóvski, para quem "os movimentos do corpo humano ideados, mas ritmicamente livres, são a expressão autêntica dos maiores e mais profundos sentimentos". Para Maiákóvski, que viu no cinema não só uma arte do futuro, mas uma arte futurista,

a arte do ator, em toda sua dinâmica, está agrilhoada pela cenografia morta do palco. Esta absurda contradição é abolida pelo cinema, que está firmemente comprometido com a ação presente [100:263;53:5].

Na verdade, a fórmula estilística *à maneira de Gógol* era a conjugação de todos os procedimentos excêntricos reproduzidos pelos movimentos expressivos dos atores, pela iluminação, angulação e montagem das atrações, Kózintsev e Trauberg encontraram, ainda, nas seqüências breves, instantâneas, e nos primeiríssimos planos os meios de expressão das emoções ocultas. Fica, desta forma, evidente que a linguagem do cinema impõe um trabalho semiótico contínuo de tradução que corresponde à formação ininterrupta de uma cadeia de cine-frases, índice da interpretação da imagem cinematográfica. O que reforça o pensamento de Eikhenbaum sobre a força do discurso interior que corre paralelamente ao filme.

A linguagem cinematográfica exige a intervenção do discurso interior do espectador que está ausente da vida cotidiana (tal como o *skaz*), sendo um produto típico da função estética [86:242].

O discurso interior, embora seja uma formação exterior ao filme, torna-se o elemento primordial da sua configuração lingüística, de sua caracterização enquanto linguagem poética. Nos estudos de Tinianov, o processo de transformação estilística é um processo deformador. Deformação que marca uma replanificação semântica do mundo, não do mundo visível, mas do mundo dos signos, do universo semiótico [116:61]. É todo um ideal formalista que se expressa em tal concepção, onde, ao invés de se desconsiderar o aspecto semântico do fenômeno artístico, se prefere vinculá-lo ao aspecto técnico e formal.

Esta é a fórmula que esteve presente e orientou todo o trabalho de Trauberg e Kózintsev: o conteúdo como matriz geradora de formas.

O filme, ao invés de reproduzir o texto transformado em argumento, procurou recriar os personagens no tempo e no espaço. Procurou-se recriar a época e os personagens gogolianos pelo que deles restou enquanto imagem. Segundo Kozintsev, a era czarista só pode ser visualizada enquanto miragem, o que justifica as imagens fantasmagóricas que se reproduzem no filme.

> O quadro pintado por Gógol [diz o cineasta] surpreende pela absoluta veracidade, mas, ao mesmo tempo, causa uma impressão de pesadelo. Parece natural ver que o delírio dos personagens se conserva na sua vida cotidiana – que a vida é dominada pelo delírio.

Desta forma, o grotesco surgiu para os cineastas como o meio mais natural de expressão das relações humanas antinaturais.

> Apagam-se as fronteiras entre o cotidiano e o fantástico; um plano invade o outro. (...) Não parece mais estranho a polícia ordenar a chegada do defunto *morto ou vivo*... Quem está vivo, quem está morto? O que é sonho e o que é realidade?... [68:104-105].

É toda uma construção dualista que se impõe enquanto princípio organizador do filme. Existem sempre dois planos em confronto. O real e o sonho; o personagem superior e o personagem insignificante; o argumento cinematográfico se contrapõe ao texto literário original; e o filme em si se choca com o cinema tradicional de adaptação. Toda esta estrutura estilística de transformação/deformação do outro não deixa de ser uma autêntica manifestação do fenômeno paródico tal como o definiu Bakhtin. O "conto cinematográfico" *O Capote*, na verdade, serve-se da fórmula *à maneira de Gógol* para representar a sua dimensão paródica. O conceito tinianoviano de paródia enquanto inversão é definido em termos da comicidade de interpretação do grotesco do texto literário, seja através dos gestos dos atores, seja através da montagem. Entretanto o conceito bakhtiniano de paródia enquanto vozes em confronto num mesmo contexto discursivo não foi abandonado. A própria construção dualista se encarrega de exibir este contraponto. Lembramos, a propósito, que Eikhenbaum descrevera este confronto no próprio quadro de uma determinada cena onde a câmera alta e a câmera baixa representavam todo o conflito a nível de intriga. Não se pode esquecer, igualmente, que a utilização de recursos excêntricos como uma nova forma de olhar o mundo é pura manifestação artística vinculada à função do riso, conforme a formulação do próprio Bakhtin no seu estudo sobre Rabelais.

10. IMAGEM E PALAVRA: O MOVIMENTO DIALÓGICO DAS METÁFORAS FOTOPOÉTICAS

> *A orientação dialógica é um fenômeno próprio, uma fixação natural de todo discurso. Em todos os caminhos e direções, o discurso encontra um outro "alienígena", e não pode evitar uma interação viva e intensa com ele. Somente o Adão mítico desbravou, com seu primeiro discurso, um mundo virgem ainda verbalmente não dito. Somente Adão-o-solitário pôde evitar totalmente esta orientação dialógica com relação ao discurso do outro. Isto jamais ocorreu com o discurso concreto e histórico, que não pode se estruturar de um único modo nem dirigir-se a um único ponto [4:102].*

No contexto da poética bakhtiniana, o dialogismo aparece como um conceito definidor da relação entre enunciados no âmbito da interação verbal. Levando-se em consideração que "enunciado" foi o termo usado por Bakhtin para designar o complexo interativo de energias simultâneas (daí ser a chave para a concepção do dialogismo), pode-se chamar de enunciado toda manifestação comunicativa que reproduz relações semânticas entre seus constituintes [119:96].

Muito embora a definição bakhtiniana de dialogismo se conserve vinculada ao discurso verbal, sabemos que Bakhtin não ignorou que relações dialógicas se manifestam igualmente no contexto da expressão não-verbal. Para o teórico russo, todo ato comunicativo é em si uma manifestação dialógica. Tanto o discurso verbal quanto o discurso não-verbal só podem ser definidos enquanto tais através de sua relação com o outro.

> Numa abordagem ampla das relações dialógicas [assegura Bakhtin] estas são possíveis também entre outros fenômenos conscientizados desde que estes estejam expressos numa matéria *sígnica*. Por exemplo, as relações dialógicas são possíveis entre imagens de outras artes, mas essas relações ultrapassam os limites da metalingüística [6:160],

(perspectiva de onde Bakhtin observou os fenômenos literários).

Na teoria do Formalismo Russo, o conceito de dialogismo não exerceu uma função tão determinante. Para os formalistas, a noção de texto literário se coloca como o resultado de forças impessoais em ação no sistema próprio da linguagem literária, situando-se, portanto, fora do sistema comunicativo. Todavia, a prática formalista soube valorizar, com muita propriedade, os aspectos da interação entre os mais variados sistemas de signos que marcam as relações dialógicas. Enquanto o agrupamento bakhtiniano discutiu o dialogismo teoricamente, já que na prática se mantiveram isolados dos grupos culturalmente ativos, os formalistas fizeram de toda sua atividade uma intervenção dialógica. Além da produção coletiva de textos, estiveram associados aos grupos artisticamente produtivos da época, promovendo a integração entre a teoria e a prática poética. Este contexto nos permite analisar algumas proposições formalistas à luz do dialogismo bakhtiniano. Foi o que nos ocorreu quando da análise do discurso interior, tão fundamental à estilística cinematográfica de Eikhenbaum, ou à adaptação para o cinema de textos literários. O próprio conceito de "tradução intersemiótica" ou "transcodagem", elaborado posteriormente por R. Jakobson para denominar a passagem de um sistema de signos a outro [59:72], implica o conceito de dialogismo. O mesmo diríamos quanto à noção de Tinianov (compartilhado por Jakobson) da obra como um sistema de interação dinâmica, capaz de se relacionar não somente com obras de sua série artística, como também com outras séries artísticas e até outras séries culturais [112:23-45]. Enfim, toda a intensa correlação entre as mais variadas experiências de linguagens no vasto terreno da expressão artística, ou melhor, no próprio conceito de arte como sistema semiótico, se deixa perpassar por relações de dialogismo [104:9-27][1].

Dentro desta nova ordem de observação dos conceitos, diríamos que a extrema valorização do material articulador da obra que orientou toda a prática formalista esconde um aspecto dialógico. Existe toda uma relação com o cenário ideológico da Rússia pós-revolucionária. Vejamos. Ao mesmo tempo que as forças sociais se empenhavam na construção da nova sociedade – socialista e industrial –, voltando-se, portanto, para a sua materialidade, as forças culturais descobriam a materialidade do objeto estético. Arrancava-se a produção artística do terreno da especulação mística, com o objetivo de desenvolver e aperfeiçoar as formas significantes estruturais subjacentes a toda produção de linguagem. Todavia este dialogismo observado entre as produções artísticas não se constitui numa mera representação da superestrutura ideológica. A arte formalista interage e se corresponde com os demais fenômenos da produção do conhecimento. Nesse sentido, não deixa de ser resposta aos princípios científicos que abriram este século (conforme depoimento de Jakobson citado anteriormente).

Sobre estas colocações preliminares se ergue a questão que nos interessa discutir neste capítulo. O dialogismo formalista que se expandiu nos mais diversos ramos da produção semiótica. Gostaríamos de analisar agora os processos intersemióticos verificados na transposição para a fotografia do poema *Pro eto* (Sobre isto) do poeta Maiakóvski, realizada por Alexander Ródtchenko, artista plástico e fotógrafo da Rússia pré e pós-revolucionária[2]. Não se pode negar a existência de componentes visuais

---

1. À página 18, Boris Schnaiderman apresenta uma síntese deste inter-relacionamento das diversas formas de manifestação artística: "A relação dos poetas cubo-futuristas russos com a pintura e o cinema; a preocupação dos principais simbolistas, sobretudo Andrei Bieli, com a problemática do signo; as experiências teatrais de Meyerhold, Taírov, Vakhtangov e outros, que ampliaram o campo de ação do teatro, visto na totalidade dos elementos visuais e sonoros, enquanto a própria Semiótica do teatro já era iniciada com os trabalhos de P. Bogatirév; os projetos arrojadíssimos de Tátlin em que a escultura e a arquitetura se fundiam e criavam-se conjuntos giratórios emissores de sons; as experiências gráficas de El Lissítsky, que elevaram a tipografia à condição de arte maior; enfim, são realizações e mais realizações, todas no sentido de expressar uma das aspirações máximas do século: arte, ciência e técnica, fundidas numa totalidade e oferecidas ao homem para uso cotidiano". Ver ainda: León Robel [97:60].

2. Já existe entre nós um trabalho de correlação entre a poética renovadora de Maiakóvski e as artes plásticas que lhe foram contemporâneas.

na poesia de Maiakóvski, que em nenhum momento se desvencilha de sua prática intersemiótica[3]. Identificar os elementos dessa visualidade e analisar em que medida eles foram desenvolvidos por Ródtchenko na sua versão fotográfica é o método com o qual tentaremos encaminhar uma discussão sobre os aspectos da tradução intersemiótica legados pela arte formalista.

Pode-se dizer, num primeiro momento, que *Pro eto* trata do amor não correspondido do poeta, retratando seus momentos de ciúmes e frustrações. Porém não é a temática passional que ocupa o primeiro plano da narrativa. Este posto foi reservado aos elementos da contemporaneidade soviética: nova burguesia gerada pela NEP[4], o Kremlin, os meios de comunicação, a paisagem industrial, a música estrangeira *(jazz)* etc. Entremeado a estes elementos, o poeta se lança numa luta desesperadora com o ímpeto de sua palavra poética, mas, ao final, a vida cotidiana estagnada e moribunda acaba destruindo não só o poeta como também o amor[5]. Estamos, portanto, diante de uma temática ambivalente: o amor mesclado aos fatos, mesmo se encontrando em desunião com a vida atual, dela não se separa. Esta luta encarniçada entre o amor e a realidade imediata transforma o poema num canto funesto à vida cotidiana triunfante sobre o poeta, antecipando uma de suas últimas linhas:

A barca do amor se quebrou no cotidiano [78:130].

Trata-se de um estudo sobre o projeto gráfico de El Lissítsky para a antologia do poeta *Dliá gólossa (Para ser Lido)* de 1923, realizado por Haroldo de Campos [20].

3. Nesse momento fazemos nossas as palavras de Haroldo de Campos ao se referir à visualidade da poesia de Maiakóvski: "Assim, para início de conversa, digo que Maiakóvski é um poeta espacial, no sentido de que concebe seu poema como uma partitura de leitura, em que os ictos da emoção são escandidos graficamente no branco do papel" ("O Texto como Produção (Maiakóvski)", *A Operação do Texto*, São Paulo, Perspectiva, 1976, p. 50.) Jakobson também chegou a referir-se brevemente ao assunto em entrevista a David Shapiro [106:18].

4. NEP – "Nóvaia Economítcheskaia Polítika" ("Nova Política Econômica"), modelo econômico pós-revolução instaurado por Lênin para recuperar a economia russa. Contava com a intervenção do capital burguês.

5. Achamos interessante transcrever a leitura que A.M. Ripellino realizou de *Pro eto*: "O tema dos versos impetuosos e hiperbólicos de *Pro eto* é justamente o amor ameaçado pela mesquinhez dos filisteus.

"Encerrado no próprio quarto como numa prisão, e ansioso por ouvir a voz da amada, o herói do poema agarra-se ao telefone, como um

Pro eto, escrito em 1923, continua o ciclo de indignação do poeta iniciado com o poema *O Homem* em 1916, atingindo a culminância nos versos *A Sierguéi Iessiênin* em 1926. Em *Pro eto* a narrativa é fruto de um processo de metonimização temática onde o poeta entrevê "o cotidiano de todos, segundo motivos pessoais" [100:101]. É o que se coloca logo no fragmento que inicia o poema:

ПРО ЧТО — ПРО ЭТО?

```
  В этой теме,
          и личной
                 и мелкой,
  перепетой не раз
              и не пять,
  я кружил поэтической белкой
  и хочу кружиться опять.
  Эта тема
         сейчас
10              и молитвой· у Будды
  и у негра вострит на хозяев нож.
  Если Марс,
          и на нем хоть один сердцелюдый
  то и он
       сейчас
            скрипит
                про то ж.
  Эта тема придет,
              калеку за локти
20 подтолкнет к бумаге,
                 прикажет:
                        — Скреби! —
  И калека
         с бумаги
                срывается в клёкоте,
  только строчками в солнце песня рябит.
```

náufrago a uma bóia, mas a amada recusa-se a falar-lhe. E então um desumano frêmito de ciúme o transforma em urso. O urso sofre, derrama lágrimas, as lágrimas formam um rio. Sobre o campo de gelo do travesseiro o herói-plantígrafo navega em direção ao passado, e no Nievá reconhece-se no *homem de sete anos antes*, rechaçado ele também pela amada. Preso a uma ponte pelas amarras dos versos, aquele homem implora a salvação. O herói afasta-se do Nievá em procura de ajuda e, navegando no rio das próprias lágrimas, volta a Moscou branca de neve. Arquejante, implora às pessoas que ajudem o homem que sofre no parapeito da ponte, mas ninguém lhe dá ouvidos, ninguém quer acreditar. Irrompe num râncido

SOBRE O QUÊ - SOBRE ISTO?[6]

Neste tema
       pessoal
            e insignificante,
repetido mais de uma vez
        e mais de cinco
eu girei como esquilo poético[7]
e quero rodopiar novamente.
Este tema
   é agora
      uma oferenda a Buda
e também afia a faca contra os patrões.
Se existe Marte[8],
         e nele pelo menos um coração humano,
então ele
    agora
       se angustia
          com a mesma coisa.
Este tema virá,
    apanhará um aleijado pelos cotovelos

apartamento, onde uma família do NEP festeja o Natal na embriaguez, e chama em vão os convidados para socorrê-lo, (...)"

"O *homem de sete anos antes* continuará a torturar-se sozinho por todos aqueles cuja paixão é humilhada pelas ilusões dos filisteus. No delírio, o herói encontra-se no campanário de *Ivã Vielíki (Ivã, o Grande)* (e aqui se sente a influência dos filmes de aventura), enquanto lá de baixo persegue-o uma multidão de burgueses enraivecidos. *Você é nosso inimigo secular. Já tivemos um parecido, um hussardo*, gritam contra ele, referindo-se a Liérmontov, e atiram com pistolas, rifles, *brownings*, a cem passos, a dez, a dois, à queima-roupa. Mas foi apenas um sonho horrível. A visão embaçada clareia. O poeta está vivo, e navega a bordo da Ursa Maior para os Ararat dos séculos, urrando poesias ao universo. E por fim dirige uma mensagem a um químico do século XXX, pedindo que o ressuscite" [96:166-67].

6. As traduções que se seguem, inclusive as que acompanham as fotos, são traduções literais, feitas a partir do original russo. Não reproduzem a textura poética dos versos de Maiakóvski.

7. Segundo Boris Schnaiderman, era hábito, entre os russos, manter esquilos em casa presos em gaiola. Para evitar a imobilidade do animal, colocava-se uma roda na gaiola que girava de acordo com a andança do esquilo sobre ela.

8. Ainda segundo Boris Schnaiderman, nos primeiros tempos após a Revolução, surgiram na Rússia utopias sobre a existência de um soviete em Marte.

> *empurrará para o papel,*
> *e dirá:*
> *— Faça ranger a pena!*
> *E o aleijado*
> *se arranca do papel*
> *num grito*
> *E a canção com suas linhas ofusca dentro do sol.*
> *(...)*

Da mesma forma com que o aspecto temático desenvolve uma problemática particularizante, sob o enfoque da generalidade, a composição estrutural do poema se move, simultaneamente, por entre a prosa e a poesia. A "narrativa" se fragmenta em versos que, reunidos em blocos, formam os segmentos poéticos. Cada segmento recebe uma notação à margem que o intitula. O módulo composicional — ainda que esgarçado e interespacializado — é a quadra.

Um procedimento bastante constante no poema, que ilustra este rompimento com o estatuto da prosa narrativa e a introjeção de marcações poéticas, é o da rima interna. Logo na primeira linha do fragmento inicial, escandida em três ictos, o processo da rima interna é reforçado pelo paralelismo dos sintagmas. Assim, a rima dos ictos do primeiro conjunto de linhas,

> В этой теме,
> и личной
> и мелкой

em posição terminal, engrena com

> я кружил поэтической белкой

na terceira linha do conjunto.

O tom plangente das linhas poéticas aproxima o poema da elegia, marcando o texto com a utilização de elementos não-poéticos (tradicionalmente considerados prosaicos) com função poética. Caso do poema *Conversa com o Fiscal de Rendas*, ou até de todos os textos publicitários de Maiakóvski.

A ruptura com os gêneros instituídos e a criação de novas formas composicionais são uma característica marcante da obra de Maiakóvski, de difícil assimilação inclusive para os formalistas russos. Jakobson, por exemplo, reconheceu que o caminho do poema elegíaco chegou ao fim para Maiakóvski no ano de 1923. Seus versos de propaganda constituem provisões poéticas que mostram suas experiências na elaboração de uma material novo, no aperfeiçoamento de gêneros literários não cultivados. Quando fiz observações céticas a propósito desses versos, Maiakóvski me contestou: *Mais tarde entenderás também estes*. E quando apareceram as comédias *O Percevejo* e *Os banhos*, compreendi definitivamente o imenso trabalho de laboratório sobre a palavra e sobre o tema que marcaram os versos de Maiakóvski nos últimos anos. Compreendi a forma magistral empregada neste trabalho que não apenas registra as primeiras experiências no campo da prosa teatral, como também mostra as infinitas possibilidades de crescimento imersas dentro delas.

Jakobson faz notar, ainda, que, no fim da vida do poeta,

> a ode e a sátira (...) escondiam completamente aos olhos do público sua elegia, que o poeta, de resto, identificava à poesia lírica em geral. O Ocidente sequer suspeitava dessa nervura essencial de sua obra poética. O Ocidente não conhecia senão *o tambor da revolução de Outubro* [61:95].

Para sermos talvez mais precisos, poderíamos dizer que, na fase final do poeta, o tom lírico-elegíaco se deixa invadir por acentuadas notas irônico-satíricas.

Neste laboratório que Maiakóvski realiza com a palavra e com o tema, encontra-se um potencial imagético indiciador do processo e do veículo de transposição para um sistema visual de outra natureza. Assim, o tom plangente da mensagem conduz diretamente à fotografia, arte elegíaca de nossa era, que se mantém coeva com o novo gênero criado pelo poeta. Isto porque estamos pensando a fotografia tal como foi concebida por Susan Sontag:

> Vivemos, no momento, uma época de nostalgia, e a fotografia promove intensamente a nostalgia. A fotografia é uma arte elegíaca, uma arte do crepúsculo. A maior parte dos temas que fotografamos são, pelo próprio fato de serem fotografados, marcados pelo patético [108:15].

Por outro lado, a composição fragmentária como suporte de uma temática dualista, metonimizada, onde o pessoal se mescla aos fatos do cotidiano soviético, – neste sentido *Pro eto* é poema do *fato*, mostrando todo o envolvimento do poeta com a *literatura do fato real* preconizada pela *LEF* – leva à fotomontagem. Ródtchenko justapõe retratos do herói e da heroína (Maiakóvski e Lília Brik) à imagética mecânica dos anos 20, com seus aeroplanos, indústrias, arranha-céus, torres, telefone, torre Eiffel (triunfo do pinoreirismo industrial e precursor da nova tecnologia urbana). Não faltam referências aos costumes da sociedade, como teremos oportunidade de referir quando do exame das fotos.

A estrutura fragmentária do poema encontra na justaposição dos recortes fotográficos de realidade soviética um procedimento ideal de representação, mas evidentemente é a coerência do novo veículo que se increve nessa estrutura poemática, a ponto de o *modus operandi* das duas formas expressivas se fundirem, já que a fotografia opera metonimicamente tal como o poema.

A fotografia aparentemente não constitui depoimento sobre o mundo, mas fragmento deste, miniatura de uma realidade que todos podemos construir ou adquirir [108:4].

A própria narrativa versificada e fragmentária reclama um processo inusitado de composição visual encontrado na fotomontagem que, desta forma, se instala na Rússia dos anos 20 como uma nova modalidade de expressão artística [8:52-8]. Sabemos que para Maiakóvski a novidade é elemento fundamental em poesia, o que não quer dizer que o novo seja um fenômeno alheio ao conjunto da obra, ao contrário, ele é tão estrutural quanto qualquer outro componente.

O que realmente atraiu os russos para a fotomontagem foi a possibilidade de manipulação estritamente mecânica do material, seja com os negativos, seja com as fotos impressas [1]. O trabalho de Ródtchenko se desenvolve dentro desta segunda modalidade: ele simplesmente recortava e montava as fotos tiradas por A.P. Sterenberg (1894-1979), um fino retratista da época. Excluía todos os detalhes e referências descritivas do assunto fotográfico, reduzindo o objeto a sua essência, onde ele acreditava residir sua organização construtiva [52:109].

Ródtchenko procurou compor as ilustrações fotográficas de acordo com aspectos que lhe foram oferecidos pelo próprio texto. Em *Pro eto*,

Maiakóvski confronta objetos cotidianos de pontos de vista incomuns e inesperados. As montagens de Ródtchenko são como metáforas visuais que se baseiam num similar princípio de composição [71:11].

Lembramos que o verso do fragmento citado:

eu girei como esquilo poético

reproduz uma imagética inesperada, servindo-se tão somente de um elemento comum da vida das pessoas russas. Ródtchenko

181

procurou explorar ao máximo este princípio de composição tão singular em Maiakóvski.

A primeira foto que ilustra o poema já nos coloca a leitura fotográfica de alguns procedimentos poéticos. Partindo do fato de que o drama amoroso deve ser visto através da disposição dos objetos da realidade imediata, Ródtchenko distribuiu vários retratos de Líli, mas nenhum de seu amado, cuja presença se encontra metaforicamente sugerida pelo enorme telefone que ocupa toda a extensão superior do quadro. A representação da idéia de que *o amado está no telefone* é indiciada graficamente no poema pelo jogo paronomásico:

> В постели она.
>   Она лежит.
> Он.
>   На столе телефон.

Esta foto mostra também uma característica marcante do trabalho fotográfico de Ródtchenko: a necessidade de tirar uma série de fotos do mesmo assunto, cada uma de um ângulo diferente.

> Cada imagem [diz Ródtchenko] existe como parte de uma totalidade maior, uma totalidade que é destruída assim que um fragmento é retirado e isolado [71:160].

Esta técnica de Ródtchenko parece coincidir com as estruturas paralelísticas entre os sintagmas que sintetizam o fazer poético, segundo a "poesia da gramática" de Jakobson.

O. Brik, o formalista que estudou a importância da fotografia enquanto meio de expressão técnica, independente do esteticismo pictórico, elegeu Ródtchenko com o "pintor da forma" [129:163], exatamente porque as fotografias de Ródtchenko exibiam, sobretudo, novas formas de focalizar os objetos fotografados. O simples fato de Ródtchenko inverter o ângulo de tomada produzia resultados estranhíssimos ao olhar habituado a um padrão de fotografia. A segunda foto que ilustra o poema mostra o que seria um ângulo de tomada excêntrico. Nesta foto, a tomada é feita em diagonal, jogando para os cantos do quadro as figuras temáticas centrais: o poeta e o telefone. No canto superior do quadro, o poeta sentado tem sua cabeça pressionada por um enorme dinossauro, metáfora evidente do ciúme. A vista panorâmica de Moscou, colocada no centro da diagonal, funciona como metáfora da distância que separa os amantes. Superpostos a estas imagens, estão os fios do telefone, um possível eixo de ligação entre o poeta e sua amada. O espaço restante do quadro cai num enorme vazio.

Este modo de composição fotográfica segue à risca a tese central do Formalismo Russo: a transformação da percepção humana dos objetos comuns, claramente expressa na teoria do "estranhamento" de Chklóvski. Na fotografia analisada acima, vemos que Ródtchenko substitui a perspectiva frontal, tão usual na retratação dos objetos, pela diagonal, causando uma estranha imagem do real. A arte fotográfica surge, deste modo, como treino e invenção, refletindo uma necessidade de ver algo novo nas coisas usuais [8:54-7].

Desde 1915 Ródtchenko expressava seu desejo de mostrar os objetos familiares da maneira não familiar, promovendo uma espécie de revolução na percepção. A teoria do "estranhamento" ajustou-se perfeitamente ao seu processo criativo em evolução.

Ródtchenko completava à sua maneira o raciocínio de Chklóvski, dizendo que o ponto de vista tradicional – aquele da câmera frontal à altura dos olhos do fotógrafo – já estava comprometido com vários séculos de ditadura da arte ocidental, de modo que uma sociedade revolucionária não poderia fotografar os seus líderes assumindo o mesmo ponto de vista com que a velha ordem autocrática tomava seus generais. Não há revolução alguma [dizia ele] em fotografar operários como se fossem cristos ou virgens marias captados pelo pincel de um Leonardo; uma nova visão do mundo deveria ser necessariamente uma visão que rompesse com os automatismos impostos pela produção dominante [75:113].

Nem mesmo as fotos comerciais de Ródtchenko se livraram de sua convicção segundo a qual

a fotografia não poderia compactuar com a tendência de reproduzir objetos – pessoas, móveis, arquitetura – como se, de algum modo, tivessem sido trazidos ao mundo sem a intervenção humana [129:166].

Em síntese: a ruptura com o ponto de vista frontal, e a conseqüente valorização da diagonal, não é apenas um modo de questionar a nossa visão do mundo; é, sobretudo, valorização da linha como principal ingrediente dinâmico do trabalho artístico.

A poética de Maiakóvski se organiza em torno a uma unidade elementar de composição; o ritmo – energia básica do verso como a eletricidade e o magnetismo [100:187]. O ritmo toma para si a tarefa de organizar os sons no verso, determinar seu aspecto entonacional a espacializar sua disposição gráfica. Com isso a estrofe se desintegra em nome de "propósitos rítmicos definidos" (22:51); conseqüentemente, há a ruptura com a pontuação e a subdivisão da linha em semi-linhas poéticas. O poeta assegura que

> A nossa pontuação habitual, com pontos, vírgulas, sinais de interrogação e de exclamação, é demasiado pobre e pouco expressiva, em comparação com os matizes de emoção que hoje em dia o homem tornado mais complexo põe numa obra poética [100:199].

A linha métrica cede lugar à frase de impacto calcada sobre a medida rítmica; o poema surge como resultado da montagem dessas unidades.

Chegamos à fronteira da construção poética de Maiakóvski com a fotomontagem: os segmentos poéticos ritmicamente construídos estão visualmente reproduzidos na livre disposição dos recortes fotográficos, tomados muitas vezes de pontos de vista diferentes e com tamanhos variáveis. É dentro deste espírito que situamos nossa colocação anterior de que na estrutura do poema está inscrito um projeto fotográfico de composição: as frases poéticas são verdadeiras *tomadas* fotográficas, como acusou Eisenstein em memorável citação (lembrada por Haroldo de Campos em seu estudo [22:52]):

> O esquema gráfico do poema segue, usualmente, o traçado das estrofes internamente distribuídas de acordo com a articulação métrica – em linhas. Outras formas de disposição gráfica são previstas pela poesia, e Maiakóvski é seu principal desbravador. Em suas linhas cortadas a articulação não se determina de acordo com os limites da linha, mas com os limites da tomada. Maiakóvski não trabalha com linhas. (...) Ele trabalha com tomadas (...) Aqui [Eisenstein está se referindo ao poema "A Sierguéi Iessiênin"] Maiakóvski corta sua linha com a mesma experiência de um editor fílmico ao construir uma sentença típica de *impacto* (...) A criação de Maiakóvski é preponderadamente gráfica no sentido mesmo de montagem. (...) Afinal Maiakóvski pertence àquele período no qual o pensamento e os princípios da montagem tornaram-se amplamente difundidos em todas as artes fronteiriças à literatura: teatro, cinema, fotomontagem etc [43:58-9].

A estrutura fragmentária gerada pelas frases de impacto permite a Ródtchenko operar com o elemento mais dramático de seu trabalho: a angulação. O confronto de uma multiplicidade de ângulos de visão, num mesmo espaço, não se coloca apenas como uma mera representação estrutural da composição poética. O objetivo de Ródtchenko era "mostrar o mundo de todos os pontos de vista, ensinando ao espectador a habilidade de vê-lo de todos os lados" [52:109]. A qualidade maior do ângulo de visão residiria, assim, na tentativa de formular uma estética inovadora que expressasse fotograficamente a paixão e o *pathos* da era socialista [129:163]. Tal como muitos cineastas da época, Ródtchenko acreditava que "a lente da câmera é o olho do homem civilizado na sociedade socialista" [71:11].

Na foto de nº 3 temos representada esta técnica maior de Ródtchenko. Os retratos de Maiakóvski se misturam aos arcos de ferro da ponte sobre Nevá, tomados de ângulos variados: de cima, de baixo, de frente, em diagonal. Na parte superior do quadro, colocou-se uma foto do poeta em pé, ao olhar para o rio, numa postura típica de quem está à beira de cometer uma loucura. No canto inferior, na mesma direção, encontra-se o retrato do poeta sentado com as mãos agarradas aos ouvidos. Próximos a ele, dois ursos polares. A metáfora é evidente: o ciúme faz do homem um urso. A própria multiplicidade de tomadas configura a visão fantasmática de quem se encontra num estado profundamente depressivo. Ao mesmo tempo, os elementos da paisagem urbana — arcos e ponte — funcionam como metáfora do eixo de união e separação entre os amantes.

As ilustrações que Ródtchenko realizou para o poema *Pro eto* nos revelam ainda um fotógrafo perfeitamente afinado com o estilo Dadá, que Maiakóvski e O. Brik conheceram quando de sua visita a Berlim em 1922.

A preocupação com a construção significante aproxima as experiências de Ródtchenko das investigações do Formalismo ocidental na arte (*Kunstwissenschaft*). Através de um de seus porta-vozes, Adolph Hildebrand, o Formalismo europeu chega a falar da "construção arquitetônica da obra" [100:193] como forma de valorização da construção em detrimento do lado imitativo e, principalmente, como forma de unir num todo o que se nos apresenta empiricamente fragmentário [85:45]. Sobre esta concepção se ergue um princípio estrutural da fotomontagem: a colagem como forma de justaposição e superposição de imagens.

Na foto que Ródtchenko compôs para a segunda parte do poema (foto nº 4) denominada *Noite de Natal, Realidade Fantástica*, este princípio se encontra plenamente desenvolvido. Através da superposição, Ródtchenko une aquilo que a realidade empírica separa, fazendo conviver num mesmo espaço tomadas gerais de ruas, interior de quarto, *close-ups* de pessoas e objetos domésticos etc. Tudo isto relacionado forma um serviço de chá gigante invadindo o espaço e perpassando as fisionomias. Dois retratos recebem destaque especial: o do poeta e, em diagonal, mais abaixo, o do burguês (sempre retratado por Maiakóvski como um sujeito gordo e calvo). Descoberta a construção, encontra-se o significado: o poeta como integrante do mais autêntico quadro do cotidiano burguês que o revolta, acaba sendo invadido e derrotado por ele. A ambigüidade que o quadro chega a inspirar foi incorporada por Ródtchenko através de uma previsão do poeta sobre a necessidade deste fenômeno em toda composição: "... de início, é preciso interessar a todos os ouvintes com a ambigüidade, graças à qual não se saiba de que lado estou..." [100:193].

O tratamento que Ródtchenko reserva ao espaço, justapondo e superpondo imagens, incorporando inclusive a ambigüidade, reflete uma questão que interessa particularmente ao Formalismo ocidental: a consideração da superfície bidimensional como ponto de partida para a análise do espaço enquanto elemento dessa superfície [85:46]. Assim, cai por terra a ilusão da tridimensionalidade: o objeto da representação – fenômeno natural ou histórico – é agora avaliado em relação aos meios de representação, em termos de seu papel construtivo na unidade fechada do trabalho. Apesar de estas concepções surgirem das experiências nas artes plásticas, vê-se que elas se desenvolvem plenamente no trabalho de fotomontagem. O próprio Ródtchenko, então artista abstrato, se inicia nas investigações sobre o uso de planos para a construção de formas, descobrindo que um determinado plano de um determinado tamanho só pode ser definido no espaço pela existência de outro plano nele existente ou que a atravesse [70:28]. Mas toda sua experimentação, ele a transporta mais tarde para a fotomontagem, principalmente quando se vale da superposição. É o que acontece quando, para tornar visível estruturalmente o comodismo do burguês, Ródtchenko cola sobre a foto do velho (foto nº 4) um homem sentado numa cadeira; ou ainda, quando fixa ao tronco do poeta uma caricatura miniatural de um casal à mesa, tomada em contra-luz, para mostrar o cotidiano invadindo o poeta, debilitando-o. Assim poderíamos analisar todos os fragmentos da composição, visto que tanto Ródtchenko quanto Maiakóvski estavam preocupados com a *montagem por conflitos*[9], cujo único objetivo seria a ação sobre o receptor. Se Ródtchenko se vale do construtivismo como um sistema de percepção do objeto através do uso funcional do material com predeterminação do efeito [70:128], Maiakóvski não encara a construção poética de outro prisma. Coincidentemente, ele afirma:

> Tendo elaborado quase todos esses tijolos – quadras, dísticos, sextilhas – começo a prová-los, colocando-os ora num ora noutro lugar, prestando

---

9. Servimo-nos do processo dialético de composição cinematográfica concebido e praticado por Eisenstein, onde os planos não obedecem a uma progressão lógica, mas contrapõem-se entre si, visando a um impacto emocional no espectador.

atenção a como soam, e procurando imaginar a impressão causada [100:193].

Afinal, o sangue formalista corria farto por ambas as veias.

Apesar de os processos de superposição ou justaposição de imagens terem sido colocados como procedimentos desenvolvidos pelas vanguardas deste início de século, não se quer dizer que sua prática surja com essas vanguardas. Na verdade, estes processos construtivos foram recuperados pelos movimentos renovadores das artes, pois a superposição de fragmentos num espaço único acompanha o desenrolar de toda a iconografia medieval, inclusive do próprio ícone russo [123:163]. Nem tampouco se pretende afirmar que tais processos se restringem às artes visuais: eles são propriedades também da literatura, podendo ser identificados em *Pro eto*, principalmente através dos jogos paronomásicos que o poeta cria com as palavras: a correlação que se estabelece entre os fonemas ou entre os sintagmas ocasiona um processo de projeção de tipo ideográfico, método de composição que aponta para a possível interação entre o Ocidente e o Oriente na arte moderna. No fragmento que acompanha a primeira foto, toda uma textura sonora é evidência da introdução do eixo da similaridade no da contigüidade. Índice elementar da função poética segundo Jakobson.

В постели она.
        Она лежит.
Он.
    На столе телефон.

Além disso, o pronome она contém os dois termos que entram em correlação mórfica: он, на, uma verdadeira fusão entre amada/ amante, desejada e distanciada, que tem por liame visível apenas o telefone.

Consciente de que "a poeticidade não consiste em acrescentar ao discurso ornamentos retóricos; implica antes uma total reavaliação do discurso e de todos os seus componentes, quaisquer que sejam" [60:161], Maiakóvski tira proveito estético inclusive da sintaxe declinada da língua russa. Às vezes, um mesmo radical se projeta em outras palavras do texto, formando os *harmônicos composicionais* que elevam os constituintes morfosintáticos à categoria de elementos visuais. Assim nos versos que acompanham a foto nº 2 identificamos:

> Страшнее слов —
> из древнейшей древности,
> где самку клыком добывали люди еще,
> ³¹⁰ ползло
> из шнура —
> скребущейся ревности
> времен троглодитских тогдашнее чудище.

O radical que se repete na segunda linha se projeta sobre a última palavra deste segmento – ревности (ciúme) – fundamental neste fragmento. Esta é uma tática infalível de Maiakóvski: "... eu sempre coloco a palavra mais característica no fim da linha e arranjo para ela uma rima, custe o que custar" [100:192]. Trata-se, ainda, de um exemplo da especial concepção de rima, sustentada por Maiakóvski, que não se limita a função terminal (consonância final), mas vai muito além desta [22:52-53].

A prática da composição da imagem numa superfície plana, bidimensional, que desconsidera a perspectiva linear, deixa Ródtchenko livre para trabalhar a dimensão dos planos de acordo com sua função no conjunto da obra. Em todas as fotomontagens de *Pro eto* algumas imagens se destacam exatamente pelo seu tamanho descomunal; tudo que merece uma ênfase maior aparece com as dimensões ampliadas. Esse foi um processo encontrado por Ródtchenko para traduzir um meio de criação de imagens próprio a Maiakóvski: a hipérbole. Hiperbólico é o tamanho do telefone na foto nº 1; da corneta na foto nº 2; dos talheres na foto nº 4; e de muitos outros motivos principais a cada foto. Muitas vezes Ródtchenko costumava reproduzir a ampliação das dimensões situando a câmera num ponto inusual em relação ao objeto, geralmente de baixo para cima. A colagem dos recortes da foto nº 6, que ilustra uma parte do poema intitulada *Repassando o Passado*, se realiza dentro desse princípio. A imagem da torre do Kremlin, onde o poeta aterrissa com os braços abertos, é comparável a um foguete, visto que sua altura ultrapassa, e muito, os já enormes arranha-céus, principalmente ao se considerar o ponto de vista da multidão que pontilha a parte inferior do quadro. Por outro lado, a imagem de Líli, colocada num primeiro plano no canto direito de modo a formar uma diagonal com a imagem do poeta, mantém uma dimensão equivalente à de seu amado. Todos os recortes são exageradamente grandes nesta montagem, inclusive a roda que se justapõe à torre. O conflito das dimensões contradiz a mensagem do texto: enquanto este postula a busca do equilíbrio, o hiperbolismo revela uma situação irremediavelmente desequilibrada.

A hipérbole se transforma num meio para a construção do fantástico na obra de Maiakóvski. Nas duas últimas fotomontagens, referentes à terceira parte do poema, a insistência de algumas imagens reproduz um dos temas constantes do poeta: a luta contra o tempo. Na foto nº 7, se defrontam o passado e o presente: a infância campesina do poeta *versus* a atualidade mecânica. A distribuição cuidadosa das fotos infantis, formando uma diagonal com o retrato adulto, constitui uma metáfora concreta da imortalidade e possibilidade de penetração no futuro, idéias que finalizam o poema. Caso a ressurreição[10] se tornasse realidade, o poeta desejaria ser um trabalhador de zoológico; lá, talvez, pudesse finalmente se unir à amada, visto o amor que ela dedicava aos animais. Na última montagem, um enorme recorte do rosto de Líli se mistura aos *closes* de animais no zoo. É importante observar que a referência a animais já ocorreu em outros momentos do poema; tanto o urso polar quanto o dinossauro constituíram fortes metáforas do estado espiritual do poeta. Existe mesmo uma obsessão no poeta pela metamorfose. Basta lembrar que o final de *O Percevejo* é a transformação do protagonista Prissípkin em exemplar de jardim zoológico. Isto sem falar que, em muitas de suas cartas a Líli, o poeta substituía sua assinatura pelo desenho de um cachorrinho.

Considerando os índices de intertextualidade existentes na versão poética e fotográfica de *Pro eto*, acreditamos poder apontar o trabalho de tradução intersemiótica como um exemplo pontual do processo de correlação dinâmica entre os procedimentos da construção artística. Vimos que tanto a estruturação temática quanto a significante do poema são determinantes na eleição do veículo e do processo de "transposição criativa" de Ródtchenko. O que não quer dizer, em hipótese alguma, que os aspectos do texto de Maiakóvski, facilitadores de uma "transcriação" visual, tenham empobrecido o trabalho de Ródtchenko no que se refere à ousadia criativa. A construção de Ródtchenko não se limita às experiências do texto; ao contrário, ao longo de seu trabalho, a composição vai estabelecendo contatos tanto com a vanguarda

---

10. Assim o poeta se manifesta a respeito: "Hoje estou totalmente convencido de que não haverá morte. Os mortos ressuscitarão. Encontrarei um físico que me explique, ponto por ponto, o livro de Einstein. Não pode ser que não o tenha entendido. A este físico darei uma ração de acadêmico". (Citado por Jakobson, "Una geración que malogró a sus poetas", *cit.*, p. 35.) (Ração acadêmica: pagamento especial em tempos de racionamento nos primeiros anos da Revolução).

dadaísta berlinense, quanto com os elementos "primitivistas" da composição medieval e do ícone russo. Ródtchenko se vale dos procedimentos composicionais da nova mídia para dialogar com a tradição e com a contemporaneidade artística, pondo em circulação um número infindável de procedimentos, cumprindo à risca a tarefa do tradutor esboçada por Octávio Paz:

> O ponto de partida do tradutor não é a linguagem em movimento, matéria-prima do poeta, mas a linguagem fixa do poema. Linguagem congelada e, não obstante, perfeitamente viva. Sua operação é inversa à do poeta: não se trata de construir com signos móveis o texto inamovível, mas sim de desmontar os elementos desse texto, pôr novamente os signos em circulação e devolvê-los à linguagem [89:65-66].

Essa intervenção do tradutor no texto era uma exigência de Maiakóvski para quem fosse montar seus textos teatrais, de modo a torná-los atuais, vivos[11]. Maiakóvski, como um inquieto *leftist* das artes de seu tempo, opera com a explosão destrutiva capaz de salvar a arte dos estreitos limites impostos pela cultura burguesa. A própria ruptura dos gêneros e a desintegração das formas petrificadas do fazer versos exigiam um rompimento definitivo com a dicção literária instituída e impunham a recuperação do poema em outro sistema de signos, aberto a outras culturas e a outros estágios da civilização.

---

11. O poeta manifesta este desejo na apresentação à peça *Mistério-Bufo*, dizendo: "O *Mistério-Bufo* é uma rota. A rota da revolução. (...) Portanto, eu conservo a rota (a forma) e modifico os novos componentes da paisagem (o conteúdo). Mais tarde, todos aqueles que quiserem representar, montar, ler, imprimir o *Mistério-Bufo*, mudem o conteúdo, tornem-no contemporâneo, atual, presente". (V. Maiakóvski, *Théâtre*, Fasquele, 1957, p. 97.)

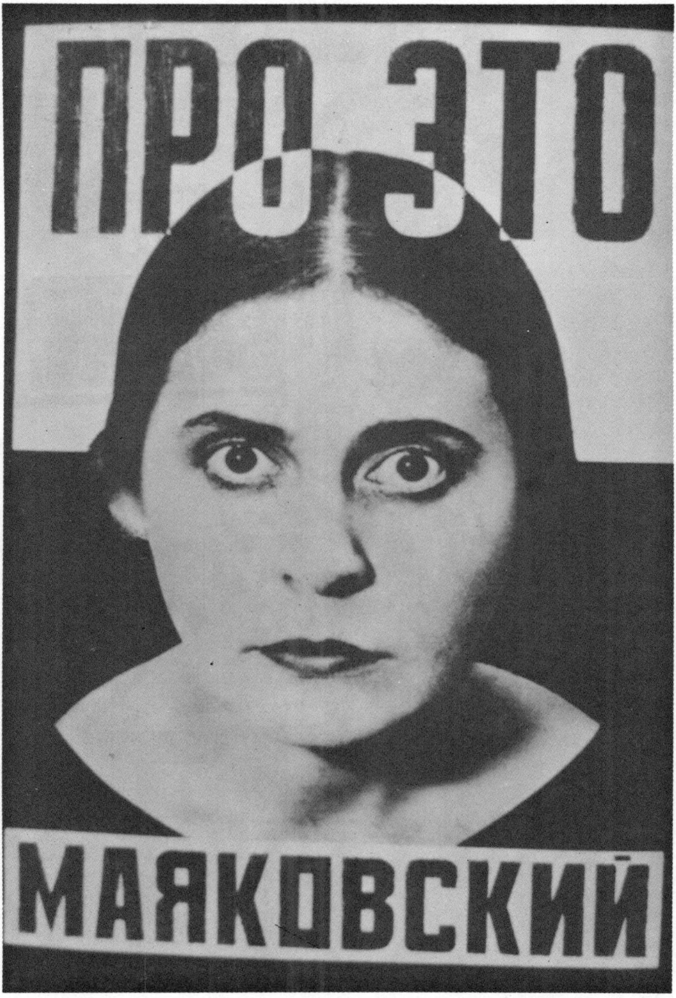

ПРО ЭТО
МАЯКОВСКИЙ

Foto nº 1

В постели она.
                Она лежит.
Он.
    На столе телефон.

Na cama ela está.
                Ela está de cama.
Ele.
    Na mesa o telefone.

Foto nº 2

Страшнее слов —
               из древнейшей древности,
где самку кликом добывали люди еще,
ползло
      из шнура —
                    скребущейся ревности
времен троглодитских тогдашнее чудище.

Mais terrível que as palavras –
              da mais antiqüíssima antigüidade,
quando ainda se obtinha a fêmea com as presas,
saiu
  do fio –
          monstro dos ciúmes dilacerantes
daqueles tempos trogloditas.

Foto nº 3

Я уши лаплю.
                    Напрасные мнешь!
Я слышу
        мой,
            мой собственный голос.
Мне лапы дырявит голоса нож.

Eu agarro as orelhas.
                    Tentativa inútil!
Eu ouço
    a mim mesmo,
            minha própria voz.
Minhas garras furam a faca da voz.

Foto nº 4

Все так и стоит столетья,
                         как было.
Не бьют —
        и не тронулась быта кобыла.

Sempre, século após século, a mesa está posta desta maneira,
                                      como sempre.
Não batem —
        e não se mexeu do lugar a égua do cotidiano.

Foto nº 5

И снова
        стен раскаленные степи
под ухом звенят и вздыхают в тустепе.

E novamente
        as estepes incandescentes dos muros
tilintam aos ouvidos e suspiram na two-step.

Foto nº 6

Руки крестом,
        крестом
                на вершине,
ловлю равновесие,
            страшно машу.

Os braços em cruz,
        em cruz
                no topo,
em busca do equilíbrio,
            terrivelmente agito.

Foto nº 7

Четырежды состарюсь — четырежды
 омоложенный,
до гроба добраться чтоб.

*Quatro vezes envelheço – quatro vezes
 rejuvenescido
para alcançar a sepultura.*

Foto nº 8

Может,
        может быть,
                когда-нибудь
                      дорожкой зоологических аллей
и она —
        она зверей любила —
                      тоже ступит в сад,
улыбаясь,
        вот такая,
                как на карточке в столе.

Pode,
     pode ser
          um dia
              pelo caminho das alamedas do zoológico
também ela —
        ela gostava dos animais —
                venha pisar no jardim,
sorrindo,
     da mesma forma,
              como na foto dentro da mesa.

(Variações sobre o mesmo tema da Foto nº 8)

BIBLIOGRAFIA

[1] ADES, Dawn. *Photomontage*. Paris, Chêne, 1976.
[2] AMENGUAL, B. *Que viva Eisenstein!* Lausanne, L'Age d'Homme, 1980.
[3] BAKHTIN, M.M. *Estética de la creación verbal*. Trad. de Tatiana Bubnova. México, Siglo Veintiuno, 1982.
[4] —————. *Esthétique et théorie du roman*. Trad. de Daria Olivier. Paris, Gallimard, 1978. (Cf. a edição brasileira *Questões de Literatura e de Estética: A Teoria do Romance*. Trad. Aurora F. Bernardini e outros. São Paulo, Hucitec/UNESP, 1988.)
[5] —————. *L'ouvre de François Rabelais et la culture populaire au Moyen Age et sous la Renaissence*. Trad. de Andrée Robel. Paris, Gallimard, 1970. (Cf. a edição brasileira *A Cultura Popular na Idade Média e no Renascimento: O Contexto de François Rabelais*. Trad. de Yara Frateschi Vieira. São Paulo, Hucitec; Brasília, Ed. da Universidade de Brasılia, 1987.)
[6] —————. *Problemas da Poética de Dostoiévski*. Trad. de Paulo Bezerra. Rio de Janeiro, Forense-Universitária, 1981.
[7] BEZERRA, Paulo. "O Carnaval na Literatura". *Folha de S. Paulo* (Folhetim, nº 372), 4 mar. 1984.

[8] BOWLT, John E. "Alexander Rodchenko as photographer". In *The Avant-garde in Russia: new perspectives*. Los Angeles, County Museum of Art, 1981.

[9] BRAGA, M.L. Santaella. "A Atualidade de Camões no Contexto Brasileiro" (Simpósio Internacional de Camões, 1980). São Paulo, Pontifícia Universidade Católica de São Paulo.

[10] —————. "Dialogismo: M.M. Bakhtin e Ch. S. Peirce: Semelhanças e Diferenças". *Cruzeiro Semiótico*, nº 2, Porto.

[11] BRECHT, Bertold. *Estudos sobre Teatro: Para uma Arte Dramática Não-Aristotélica*. Lisboa, Portugália Editora, s/d.

[12] BRIK, Ossip. "On Khlebnikov". *Screen*, vol. 15, nº 3, 1974.

[13] CAMPOS, Augusto e Haroldo de (trad.). *Poesia Russa Moderna* (revisão/colaboração de Boris Schnaiderman). São Paulo, Brasiliense, 1985.

[14] CAMPOS, Augusto e Haroldo de & PIGNATARI, Décio. *Teoria da Poesia Concreta*. São Paulo, Duas Cidades, 1975.

[15] CAMPOS, Haroldo de. "A Escritura Mefistofélica: Paródia e Carnavalização no *Fausto* de Goethe". *Tempo Brasileiro*, nº 62, Rio de Janeiro, 1980.

[16] —————. "Da Razão Antropofágica: a Europa sob o Signo da Devoração". *Colóquio-Letras*, nº 62, jul. 1981.

[17] —————. *Deus e o Diabo no Fausto de Goethe*. São Paulo, Perspectiva, 1981.

[18] —————. "Iracema: uma Arqueografia de Vanguarda". *Jornal da Tarde* (Caderno de Programas e Leituras), 2 jan. 1982.

[19] —————. "Lissítzki e Marshall McLuhan". *Correio da Manhã*, 26 mar. 1967.

[20] —————. "Maiakóvski e o Construtivismo". In MAIAKÓVSKI, Vladimir. *Poemas*. Trad. de Boris Schnaiderman e Augusto e Haroldo de Campos. São Paulo, Perspectiva, 1982.

[21] —————. "O Samurai e o Kakemono". In *A Arte no Horizonte do Provável*. São Paulo, Perspectiva, 1969.

[22] —————. "O Texto como Produção (Maiakóvski)". In *A Operação do Texto*. São Paulo, Perspectiva, 1976.

[23] —————. "Umbral para Max Bense". In BENSE, Max. *Pequena Estética*. São Paulo, Perspectiva, 1971.

[24] CANDIDO, Antonio. "Dialética da Malandragem". In ALMEIDA, Manuel Antonio de. *Memórias de um Sargento de Milícias* (ed. crítica de Cecília de Lara). Rio de Janeiro, Livros Técnicos e Científicos, 1978.

[25] CHKLÓVSKI, Victor. "A Arte como Procedimento". In TOLEDO, Dionísio de Oliveira (org.). *Teoria da Literatura: Formalistas Russos*. Porto Alegre, Globo, 1976.

[26] —————. "A Construção da Novela e do Romance". In TOLEDO, Dionísio de Oliveira (org.). *Teoria da Literatura: Formalistas Russos*. Porto Alegre, Globo, 1976.

[27] —————. *Cine y lenguaje*. Barcelona, Anagrama, 1971.

[28] ──────. *Eisenstein*. Barcelona, Anagrama, 1973.

[29] ──────. *La cuerda del arco: sobre la disimilitud de lo símil*. Trad. de Victoriani Imbert. Barcelona, Planeta, 1975.

[30] ──────. *Maiakovski*. Barcelona, Anagrama, 1972.

[31] ──────. *Sur la théorie de la prose*. Trad. de Guy Verret. Lausanne, L'Age d'Homme, 1973.

[32] CLARK, Katerina & HOLQUIST, Michael. *Mikhail Bakhtin*. Cambridge, The Belknap Press of Harvard University Press, 1984.

[33] CONIO, Gerard (org.). *Le Formalisme et le Futurisme russes devant le Marxisme*. Lausanne, L'Age d'Homme, 1975.

[34] DA MATTA, Roberto. "Carnavais da Igualdade e da Hierarquia". In *Carnavais, Malandros e Heróis*. Rio de Janeiro, Zahar, 1983.

[35] EIKHENBAUM, Boris. "A Teoria do 'Método Formal' ". In TOLEDO, Dionísio de Oliveira (org.). *Teoria da Literatura: Formalistas Russos*. Porto Alegre, Globo, 1976.

[36] ──────. "Como é Feito *O Capote* de Gógol". In TOLEDO, Dionísio de Oliveira (org.). *Teoria da Literatura: Formalistas Russos*. Porto Alegre, Globo, 1976.

[37] ──────. "Les 'formalistes' en question". In CONIO, Gerard (org.). *Le Formalisme et le Futurisme russes devant le Marxisme*. Lausanne, L'Age d'Homme, 1975.

[38] ──────. "Literature and cinema". *20th Century Studies: Russian Formalism*, Dec. 1972.

[39] ──────. "Problèmes de la ciné-stylistique". *Cahiers du Cinéma: Russie années vingt*, nº 220-221, mai-juin, 1970.

[40] ──────. "Problems of film stylistics". *Screen*, Autumn, 1974, vol. 15, nº 3.

[41] EISENSTEIN, S. M. "Da Literatura ao Cinema: Uma Tragédia Americana". Trad. de Vinícius Dantas. In XAVIER, Ismail (org.). *A Experiência do Cinema*. Rio de Janeiro, Graal/Embrafilme, 1983.

[42] ──────. "Novos Problemas da Forma Cinematográfica". Trad. de Vinícius Dantas. In XAVIER, Ismail (org.). *A Experiência do Cinema*. Rio de Janeiro, Graal/Embrafilme, 1983.

[43] ──────. *The Film Sense*. London, Faber and Faber, 1963.

[44] ──────. "Le montage des attractions au cinéma". In *Au-delà des étoiles*, Paris, U.G.E./Cahiers du Cinéma, 1974.

[45] ──────. "L'organique et le pathétique". In *La non-indifférente nature*/1, Paris, Union Génerale d'Editions, 1976.

[46] ──────. "O Princípio Cinematográfico e o Ideograma". In CAMPOS, Haroldo de (org.). *Ideograma: Lógica, Poesia, Linguagem*. São Paulo, Cultrix/Ed. da Universidade de São Paulo, 1977.

[47] ──────. "Sur la question d'une approche matérialiste de la forme". In *Au-delà des étoiles*, Paris, U.G.E./Cahiers du Cinéma, 1974.

[48] ERLICH, Victor. *Russian Formalism*. 3 ed., New Haven and London Yale University Press, 1981.

[49] FIEDLER, Konrad. *De la esencia del arte* (seleção de Hans Eckstein). Buenos Aires, Nueva Vision, s/d.

[50] FONSECA, Maria Augusta. "Oswald de Andrade e o Circo". In *Palhaço da Burguesia*. São Paulo, Polis, 1979.

[51] GARRONI, Enrico. "Linguagio verbale e componenti non-verbali nel messaggio filmico-televisivo". *Filmcritica*, ano XXVIII, nº 279-280, dicembre, 1977.

[52] GASSNER, Herbertus. "Analytical Sequences". In ELLIOT, David (org.). *Rodchenko and the Arts of Revolutionary Russia*. New York, Pantheon Books, 1979.

[53] GOMES, Paulo Emílio Salles. "O Cineasta Maiakóvski", *O Estado de S. Paulo* (Suplemento Literário), 16 dez. 1961.

[54] HAYMAN, David. "Um Passo Além de Bakhtine: Por uma Mecânica dos Modos". Trad. de E. R. da Silva. *Tempo Brasileiro* nº 62. Rio de Janeiro, jul-set. 1980.

[55] HOLQUIST, Michael (ed.). *The Dialogic Imagination: Four Essays by M.M. Bakhtin*. Austin, The University of Texas Press, 1981.

[56] HUSSERL, Edmund. *Investigações Lógicas*. Seleção e trad. de Zeljko Loparić e Andréa M.A.C. Loparić. São Paulo, Abril Cultural (Coleção Os Pensadores.)

[57] —————. *Méditations cartésiennes: introduction à la phénoménologie*. Paris, Librarie Philosophique J. Vrin, 1969.

[58] IANNI, Octávio. "Carnaval da Tirania". In *Revolução e Cultura*. Rio de Janeiro, Civilização Brasileira, 1983.

[59] JAKOBSON, Roman. "Aspectos Lingüísticos da Tradução". In *Lingüística e Comunicação*. São Paulo, Cultrix, 1971.

[60] —————. "Lingüística e Poética". In *Lingüística e Comunicação*. São Paulo, Cultrix, 1971.

[61] —————. "Una generación que malogró a sus poetas". In *El caso Maiakóvski*. Barcelona, Icaria, 1977.

[62] —————. "La Genération qui a gaspillée ses poètes". In *Questions de Poétique*. Paris, Seuil, 1973, p. 95.

[63] JIRMUNSKI, Vitor. "As Tarefas da Poética". Trad. de Luiza Lobo. In LIMA, Luis Costa (org.). *Teoria da Literatura em suas Fontes*. Rio de Janeiro, Francisco Alves.

[64] —————. "Sobre a Questão do 'Método Formal'". In TOLEDO, Dionísio de Oliveira, *Teoria da Literatura: Formalistas Russos*. Porto Alegre, Globo, 1975.

[65] KOTHE, Flávio René. "A Não-Circularidade do Círculo de Bakhtine". *Tempo Brasileiro: A Poesia e a Crítica*. Rio de Janeiro, nº 51, 1977.

[66] —————. "Paródia & Cia.". *Tempo Brasileiro*, nº 62, Rio de Janeiro, 1980.

[67] —————. *Literatura e Sistemas Intersemióticos*. São Paulo, Cortez, 1981.

[68] KOZINTSEV, Grigori. "Texts sur la FEKS". In *Cahiers du Cinéma: Russie années vingt*, nº 220-221, mai-juin, 1970.

[69] KRISTEVA, J. "Une poétique ruinée. In BAKHTIN, M.M. *La poétique de Dostoiévski*. Paris, Seuil, 1970.

[70] LAVRENTIEV, Alexander. "Alexander Rodchenko". In *Rodchenko and the Arts of Revolutionnary Russia*. New York, Pantheon Books, 1979.

[71] ──────. "A New Way of Seeing the World". In *Rodckenko Photography*. New York, Rizzoli, 1982.

[72] LEVACO, Ronald. "Eikhenbaum, Inner Speech and Film Stylistics". *Screen*, n° 3. 1975, vol. 16.

[73] LEYDA, Jay. *Kino: a History of the Russian and Soviet Film*. Londres, George Allen & Unwin Ltd., 1973.

[74] LUNATCHÁRSKI, A.V. "Le Formalisme dans la cience de l'art". In CONIO, Gerard. *Le Formalisme et le Futurisme russes devant le Marxisme*. Lausanne, L'Age d'Homme, 1975.

[75] MACHADO, Arlindo. *A Ilusão Especular: Introdução à Fotografia*. São Paulo, Brasiliense/Funarte, 1984.

[76] ──────. *Eisenstein: Geometria do Êxtase*. São Paulo, Brasiliense, 1982.

[77] ──────. "O Cinema Conceitual". *Cine Olho*, São Paulo, n°s. 5-6, jun.jul.ago. 1979.

[78] MAIAKÓVSKI, Vladimir. *Poemas*. Trad. de Boris Schnaiderman e Augusto e Haroldo de Campos. São Paulo, Perspectiva, 1982.

[79] ──────. *Théâtre: La Punaise, Le Mistère-Bouffe, La Grande Lessive*. Trad. de M. Vassiltchkov. Paris, Fasquelle, 1957.

[80] ──────. *The Complete Plays of Vladimir Mayakovski*. Trad. de G. Daniel. New York, A. Touchstone Book, 1968.

[81] MARX-ENGELS. *Selected Correspondence*. Trad. de I. Lasker; ed. por S. Ryazanskaya. Moscou, Progress Publishers, 1955.

[82] ──────. *Sobre Literatura e Arte*. Lisboa, Estampa, 1974.

[83] MARX, Karl. *Miséria da Filosofia*. São Paulo, Livraria Exposição do Livro.

[84] ──────. *Para uma Crítica da Economia Política*. Trad. de José Arthur Giannotti e Edgard Malagodi. São Paulo, Abril Cultural, 1976. (Coleção Os Pensadores.)

[85] MIEDVIÉDIEV, P.N./BAKHTIN, M.M. *The Formal Method in Literary Scholarship: A Critical Introduction to Sociological Poetics*. Trad. de Albert J. Wehrle. Baltimore, The Johns Hopkins University Press, 1978.

[86] MONTANI, Pietro. "La forma del film y la función del lenguaje interno". In RAPISARDA, G. (ed.). *Cine y vanguardia en la Unión Soviética: La Fábrica del Actor Excéntrico (FEKS)*. Barcelona, Gustavo Gili, 1975.

[87] MOSKVIN, A.N. & MIJAILOV, E. "La funcion del operador cinematográfico en la creación del film" (1927). In RAPISARDA, G. (ed.). *Cine y vanguardia en la Unión Soviética: La Fábrica del Actor Excéntrico (FEKS)*. Barcelona, Gustavo Gili, 1975.

[85] NARBONI, Jean. "Introduction à 'Poetika Kino' ". In *Cahiers du Cinéma: Russie années vingt*, nº 220-221, mai-juin 1970.

[89] PAZ, Octávio. "Literatura y literalidad". In *El signo y el gabarato*. México, Joaquim Mortiz, 1973.

[90] PEIXOTO, Fernando. *Maiakóvski: Vida e Obra*. Rio de Janeiro, Paz e Terra, 1978.

[91] PINHEIRO, Amálio. *A Textura Obra/Realidade*. São Paulo, Cortez, 1983.

[92] PLAZA, Julio. "A Tradução Intersemiótica no filme *O Encouraçado Potemkin*". In *Tradução Intersemiótica*. São Paulo, Perspectiva; Brasília, CNPq, 1987.

[93] POMORSKA, Krystyna. *Formalismo e Futurismo*. São Paulo, Perspectiva, 1972.

[94] —————. "Mixail Baxtin and his dialogic universe". *Semiotica* vol. 48, nº 1-2. Amsterdam, Mouton, 1984.

[95] RAPISARDA, G. "La FEKS y la tradición de la vanguardia". In *Cine y vanguardia en la Unión Soviética: La Fabrica del Actor Excéntrico (FEKS)*. Barcelona, Gustavo Gili, 1975.

[96] RIPELLINO, Angelo Maria. *Maiakóvski e o Teatro de Vanguarda*. São Paulo, Perspectiva, 1971.

[97] ROBEL, Léon. "Notes fragmentaires pour une étude des rapports entre Eisenstein et Tynianov. *Change*, nº 2. Seuil, 1969.

[98] SAKULINE, P.N. "De première source". In CONIO, Gerard (org.). *Le Formalisme et le Futurisme russes devant le Marxisme*. Lausanne, L'Age d'Homme, 1975.

[99] SALVAGGIO, J.L. "Between Formalism and Semiotcs: Eisenstein's Film Language". *Dispositio*, IV, nº 11-12. (Departament of Romance Languages, University of Michigan.)

[100] SCHNAIDERMAN, Boris. *A Poética de Maiakóvski*. São Paulo, Perspectiva, 1971.

[101] —————. "Informalmente, o 'Formalismo' ". *Folha de S. Paulo* (Folhetim), 17 jun. 1984.

[102] —————. "Paródia e 'Mundo do Riso' ". *Tempo Brasileiro*, nº 62. Rio de Janeiro, 1980.

[103] —————. *Projeções: Rússia/Brasil/Itália*. São Paulo, Perspectiva, 1978.

[104] —————. "Semiótica na URSS, uma Busca dos 'Elos Perdidos' ". In *Semiótica Russa*, São Paulo, Perspectiva, 1979.

[105] —————. *Turbilhão e Semente: Ensaios sobre Dostoiévski e Bakhtin*. São Paulo, Duas Cidades, 1983.

[106] SHAPIRO, David. "Art and Poetry: The Cubo-Futurists". In *The Avant-Garde in Russia: New Perspectives*. Los Angeles, County Museum of Art, 1981.

[107] SILVEIRA, Lauro F.B. da. "A Produção dos Signos numa Estrutura Social Antagônica" (cópia mimeografada). UNESP, Marília, s/d.

[108] SONTAG, Susan. *Ensaio sobre Fotografia*. Trad. de Joaquim Paiva. Rio de Janeiro, Arbor, 1981.

[109] STAM, Robert. *O Espetáculo Interrompido: Literatura e Cinema de Desmistificação*. Trad. de José Eduardo Moretzsohn. Rio de Janeiro, Paz e Terra, 1981.

[110] STEMPEL, W.-D. "Sobre a Teoria Formalista da Linguagem Poética". Trad. de Luiza Ribeiro Regina Sunko. In LIMA, Luis Costa (org.). *Teoria da Literatura em suas Fontes*. Rio de Janeiro, Francisco Alves, 1975.

[111] THOMPSON, Kristin. "A Neoformalist Method of Film Criticism". In *Eisenstein's Ivan the Terrible: A Neoformalist Analysis*. New Jersey, Princeton University Press, 1981.

[112] TINIANOV, I. *Avanguardia e tradizione*. Introd. de V. Chklóvski. Bari, Dedalo Libri, 1968.

[113] ―――――. "Da Evolução Literária". In TOLEDO, Dionísio de Oliveira (org.). *Teoria da Literatura: Formalistas Russos*. Porto Alegre, Globo, 1976.

[114] ―――――. "Des fondements du cinéma". In *Cahiers du Cinéma: Russie années vingt*, nº 220-221, mai-juin, 1970.

[115] ―――――. *O Problema da Linguagem Poética*. Rio de Janeiro, Tempo Brasileiro, 1975, 2 vols.

[116] TINIANOV, I. & JAKOBSON, Roman. "Os Problemas dos Estudos Literários e Lingüísticos". In TOLEDO, Dionísio de Oliveira (org.). *Teoria da Literatura: Formalistas Russos*. Porto Alegre, Globo, 1976.

[117] TITUNIK, I.R. "The Formal Method and the Sociological Method (M.M. Baxtin, P.N. Medvedv, V.N. Volosinov) in Russian Theory and Study of Literature". In MIEDVIÉDIEV, P.N./BAKHTIN, M. M. *The Formal Method in Literary Scholarship: A Critical Introduction to Sociological Poetics*. Trad. de Albert J. Wehrle. Baltimore, The Johns Hopkins University Press, 1978.

[118] TODOROV, Tzvetan. *Critique de la Critique: Un Roman d'Apprentissage*. Paris, Seuil, 1984, 119 p.

[119] ―――――. *Mikhail Bakhtine: le principe dialogique*. Paris, Seuil, 1981.

[120] TOLEDO, Dionísio de Oliveira (org.). "As Teses de 1929". In *Círculo Lingüístico de Praga: Estruturalismo e Semiologia*. Porto Alegre, Globo, 1978.

[121] TOMACHÉVSKI, Boris. "Temática". In TOLEDO, Dionísio de Oliveira (org.). *Teoria da Literatura: Formalistas Russos*. Porto Alegre, Globo, 1976.

[122] TROTSKI, Leon. "La escuela formalista de poesía y el marxismo".In *Literatura y revolución*. (Paris), Ruedo Iberico, 1969.

[123] USPÊNSKI, B.A. "Elementos Estruturais Comuns às Diferentes Formas de Arte. Princípios Gerais de Organização da Obra em Pintura e Literatura". Trad. de Aurora F. Bernardini. In SCHNAIDERMAN, Boris. *Semiótica Russa*. São Paulo, Perspectiva, 1979.

[124] VERTOV, Dziga. "Textes et Manifestes". In *Cahiers du Cinéma: Russie anées vingt*, nº 220-221, mai-juin, 1970.

[125] VIGÓTSKI, L.S. "El arte como procedimento". In *Psicologia del arte*. Trad. Victoriano Imbert. Barcelona, Barral, 1972.

[126] ──────. *Pensamento e Linguagem*. Trad. de M. Resende. Lisboa, Antídoto, 1979.

[127] VOLOCHINOV, V.N. "Discourse in Life and Discourse in Art". In *Freudianism, a Marxist Critique*. Trad. de I. R. Titunik. New York, Academic Press, 1976.

[128] ──────. *Marxism and the Phylosophy of Language*. Trad. de Ladislav Matejka e I. R. Titunik. New York, Seminar Press, 1973. (Cf. a edição brasileira BAKHTIN, Mikhail (Voloshinov). *Marxismo e Filosofia da Linguagem*. Trad. Michel Lahud e Yara Frateschi Vieira. São Paulo, Hucitec, 1979.

[129] WATNEY, Simon. "Making Strange: The Shattered Mirror". In BURGIN, Victor (org.). *Thinking Photography*. Londres, Macmillan, 1982.

[130] WELLECK, Rene & WARREN, Austin. "Literatura e Outras Artes". In *Teoria da Literatura*. Lisboa, Europa-América, 1948.

ÍNDICE

Adaptação 165-166-172
Agit-prop 103-169
Almas Mortas, N. Gógol 47-89
Alteridade 39-47-53-55-75-130
Ambigüidade 56-186
Amengual, B. 161
Análise correlativa v. Correlação
Angulação 150-161-168-170-182-184-185-189
Aristófanes 76-77-80
Atração 103-108-109-169
Autocrítica 28-69-70-71-140
Automatização vs. Desautomatização 56-59-127-128-129-131
Autonomia 22-25-125
Autor 35-53-130
Avaliação v. Valor
Axiologia 123-127-129-138

Bakhtin, M.M. 33-34-35-40-46-47-48-50-53-54-55-58-59-66-67-72-73-74-75-76-79-80-81-84-85-86-90-91-97-118-122-123-124-125-126-130-131-136-138-140-172-174
Belinski Vissarion 52

Bezerra, Paulo 85
Biomecânica 170-171
Bowlt, J.E. 183
Braga, M.L. Santaella 86-92
Brecht, Berthold 114-116
Brik, Lili 180-188-189
Brik, Ossip 71-158-159-182

Campos, Haroldo de 19-20-21-27-52-72-81-87-96-159-176-183-184-189
Candido, Antonio 89-91
Carnaval 74-75-76-77-78-79-88-90
Carvanalização 74-75-80-81-84
Cenário 132
Chklóvski, V. 22-64-65-66-67-70-71-72-73-74-76-77-78-80-81-83-84-85-87-90-97-126-135-146-147-149-161-165
Ciência da literatura 18-19-20
Ciência das ideologias 33-38
Cine-olho *(kinoglaz)* 70
Cinematicidade 140-145-151-152-166
Cinematografia 60-133-145-151-160-161
Circo 99-104
Colagem 185-188
Colorido lexical 56
Comédia 76-77
Comunicação 134-174
Conflito (montagem por) 161-162-186-188
Conio, G. 18
Construção 60-185
Construtivismo 23-99-122-131-132-186-187
Conteúdo v. Forma vs. Conteúdo
Convencionalidade na arte 161
Correlação 34-49-50-59-60-122-137-143-145-174-189
Correspondência de amigo, F. Dostoiévski 56
Crítica sociológica 20-21-25-26-28-73-78
Cronotopo 35-87
Cubismo 98
Cubo-futurismo 99
Cultura Proletária 63

Da Matta, Roberto 78-79-91
Deformação 59-69-171
Deslocamento de si 132-169
Determinismo 19-27-37-41-68
Dialética 51-83-84-87-92-93
Dialética da Cultura 86-91
Dialogismo 35-39-40-84-90-92-93-173-174-175
Diálogo 35-44
Discurso 38-39-45
Discurso citado 43-56-58-96-122

Discurso dissuasivo 56-57
Discurso do Outro 39-47-53-55-58-112-135-173
Discurso interior 133-134-152-153-154-155-156-157-158-160-163-164-171
Discurso persuasivo 56-57
Discurso quase-direto 47-134
Distanciamento 115-116
Documentário cinematográfico 69-70
Dominante 59-60
Dostoiévski, F. 39-40-44-47-52-54-55-72-73
D. Quixote, M. Cervantes 65-66

Eikhenbaum, B. 18-20-21-25-26-27-45-46-47-56-57-118-134-146-151-152-153-154-160-164-165-168-171
Einstein, A. 87-98
Eisenstein, S. M. 23-57-88-132-148-152-155-158-160-161-162-163-165-169-184
El Lissítski 132-175-176
Elegia 179-180
Encantação pelo riso, V. Khliébnikov 159
Encouraçado Potiómkin, S.M. Eisenstein 161-162
Engels, F. 27-80
Entoação 44-48-126-129-135-136
Enunciação 37-40-55-134-135-174
Épico v. *Epos*
Epistolar (forma) 54-55-64
Epos 87-97-100-102-116
Erlich, V. 24-67-68-69-71
Especificação 18-19-21-24
Estética da Recepção 52-68
Estética geral filosófica 117-118-122-128-129-135-136
Estética material 119-124-136-145
Estilística do filme 151-152-153-154
Estilização 43-52-53-58
Estranhamento (*ostraniênie*) 53-65-66-69-70-125-126-127-131-132-137-161-169-183
Evolução literária 51-74
Excentrismo 132-170-172
Exotopia 130

Fábula 161-162-166-167
Factografia 69-180
Fantástico experimental 101-102-103-107
FEKS 133-144-164-169-170
Fenomenologia husserliana 22-23
Fiedler, K. 119-120
Finalização 86-95-96
Fonseca, M. Augusta 99
Forma 18-29-32-33
Forma vs. Conteúdo 28-120-123-124-128-131-132
Forma significante 37-120-121-123-128-136-138

211

Formalismo Alemão 118-119-120-122-185
Formalismo e semiótica 60-143-145-146-175
Formas arquitetônicas e composicionais 125
Fotogenia 149-151-170
Fotografia 151-180-182-183
Fotomontagem 180-181-184-185-189
Fragmentação 65-180-181-184
Freud, Sigmund 88-157
Função construtiva 24-59-120
Futurismo 20-98-100-122

Gargantua e Pantagruel, F. Rabelais 74
Garroni, E. 164
Gênero 86-87-89-95-96-97-98-99-110-114-133-138-179-190
Gênese 26-27-28-40-41
Gente Pobre, F. Dostoiévski 54-55
Gestaltqualität 120-132
Gógol, Nicolai 45-46-51-52-54-55-91-164-166-167-170-172
Grotesco 74-75-77-88-170-172

Hayman, David 80-87
Hildebrand, Adolf 119-185
Hipérbole 188-189
História, Historicismo, Historicidade 18-21-26-27-40-41-52-64-79-84-87
Holquist, Michael 34-35-36-87-134-138-139-154
Husserl, E. 22-23

Iakubínski, L.P. 22-44-71
Ianni, Octávio 85
Ideologia 23-24-29-38-39-169
Imprensa e Revolução 18-20
Intersubjetividade 23
Interação 38-50-59-73-135
Inversão 52-65-74-78-79-87-101-104-105-106-116
Isolamento 124-128-130-131
Ivanov, V.V. 34-35-71

Jakobson, Roman 22-24-27-33-39-69-98-118-174-179-180-182-187-189
Jirmunski, V. 18-19

Khliébnikov, V. 158-159
Kothe, F.R. 24-25-36-50-66-90-91
Kózintsev, Grigori 166-169-170-171-172
Kristeva, J. 40
Kunstwissenschaft 118-121-125

Lavrentiev, A. 181-182-185-186
Lavinski, A. 132
LEF 69-180

Lenin, V.I. 56-57-63
Levaco, R. 154
Leyda, Jay 63-170
Língua 45-79-85-126
Linguagem prática vs. poética 21-22-126
Linguagem transracional v. *Zaúm*
Lingüística 33-45-124-125-136
Literariedade 19-20
Literatura como sistema 59
Literatura do fato real v. Factografia
Lunatcharski, A.V. 24-25-40-41-73

Machado, Arlindo 58-183
Maiakóvski, V. 23-32-33-41-71-87-97-98-100-103-115-116-160-171-175-179-180-181-184
Marx, Karl 27-83-84
Marxismo 26-27-28-33-38
Material verbal 18-20-33-34-37-39-49-50-59-137
Materialismo dialético 51-79
Materialismo histórico 21-28
Menipéia 83-84-86-87-88-97-101-102-108
Metalinguagem 45-48-86
Método 17-18-19-21-24-25
Método formal vs. sociológico 25-31-32-33-69
Metonímia 181
Meyerhold, V. 23-99-131-132-170-175
Miedviédiev, P. N. 33-34-35-36-38-59-69-96-120-122-129
Mímica articulatória 46-168-180
Mistério-Bufo, V. Maiakóvski 87-97-101 a 166-190
Montagem 64-70-132-145-146-147-148-149-161-162-164-184
Montani, Pietro 167-168-171
Moskvin, A. N. 169
Motivação 45-162
Movimento 149-150-151-170

Narração direta 43-45-46
Narrador 46-134
Neoformalismo 139
NEP 176-178
Novidade poética 27-32-137-138-181

Objeto estético 24-127-129-134
O Capote, N. Gógol 45-55-164 a 172
O homen e o cavalo, Oswald de Andrade 99
OPOIAZ 45-68-71
Os irmãos Karamázov, F. Dostoiévski 71-72
Outubro, S.M. Eisenstein 57

Palavra injuriosa 57
Palavra nivelada 56-57

Paródia 43-44-51-52-53-54-57-58-64-65-66-68-72-74-77-88-112-116-172
Pathos v. Deslocamento de si
Paz, Octavio 190
Pensamento imagético-sensorial 163-164
Pensamento pré-lógico v. Pensamento imagético-sensorial
Percepção estética 126-127-129-137-160
Piaget, J. 156-157
Pinheiro, Amálio 50-52-56
Plaza, Julio 162
Poética sociológica 33-37-40-41-76-86-92-134
Polêmica 57-58-64-72
Polifonia 40-41-54-72-73
Pomorska, Krystina 22-118-122
Princípio e práxis poética 20-21-29-31-32
Pro eto, V. Maiakóvski 159-175 a 185
Procedimento (*priom*) 22-23-70-125-126-127-133-137
Proletcult v. Cultura proletária
Psicologia 118-127-128-131-132-134

Rabelais, François 39-74-76-77-80
Rapisarda, G. 170
Realismo grotesco v. Grotesco
Rebaixamento 88-103
Reflexão vs. refração 38-39
Revolução de outubro 26-100-101
Ripellino, A. M. 102-112-176
Riso 88-159-172
Ritmo 129-148-183-184
Robel, Léon 160-161-175
Ródtchenko, A. 23-175-176-180 a 190
Romance malandro 88-91
Romance polifônico v. Polifonia e Dostoiévski, F.
ROSTA (janelas da) 109
Roteiros formalistas para o cinema 144

Sakuline, P. N. 25
Salvaggio, J. L. 145
Sátira menipéia v. Menipéia
Schnaiderman, Boris 35-40-44-50-86-88-89-93-175-178
Seção áurea 162
Selbstentäusserung v. Alteridade e Deslocamento de si
Semântica fônica 46-158-159
Semiótica peirceana 92
Sentido 120-121-124-127
Série 24-60-69
Significado 22-23-24
Signo 38-39
Signo ideológico 38-80-124-133-157
Silveira, Lauro F.B. da 92
Simbolismo 153

214

Sincreáismo 75-77-151
Singularização v. Estranhamento e Automatismo vs. desautomatização
Sintaxe 132-135-149-161-169
Skaz 43-44-46-47-56-168-169-170
Sociobiografismo 68
Sonho (cinema) 153-154
Sontag, Susan 180
Stam, Robert 100
Stempel, W.-D. 21

Taírov, A. I. 132-175
Teatro 95 a 116-166-171
Teatro de Arte 115-116
Teatro épico 115-116
Thompson, Kristin 132
Tinianov, I. 24-25-34-49-50-51-52-53-54-56-57-58-59-69-85-120-137-148-149-150-163-164-166-168-171
Titunik, I. R. 44
Todorov, T. 19-35-86-122-130
Tolstoi, L. 64-65
Tomachévski, B. 96-100-161-
Tradição 63-64
Tradução 165-168-171-180-190
Trama narrativa 45-161-162
Transcodagem 174-180
Transcriação 165-166-167-168-180-189
Trauberg, L. 164-169-171
Tristram Shandy, L. Sterne 65-67
Trotski, L. 22-24-25-26-27

Uspenski, B. A. 187
Utilitarismo na arte 26

Valor 38-123-127-129
Vanguarda 64-99-138-175-187
Verso 98-149-183-184
Vertov, Dziga 70-148
Vigótski, L. 127-128-132-133-137-155 a 158
Vinogradov, V. V. 44-45-55
Volochinov, V. N. 33-34-35-36-38-39-45-58-66-80-122-133-134-135-138-155-157

Walzel, O. 119-121
Warren, Austin 119
Welleck, René 19
Wölfflin, H. 119-121
Worringer, W. 119-130

Zaúm 122-158-159

COLEÇÃO DEBATES
(Últimos Lançamentos)

297. *Platão: Uma Poética para a Filosofia*, Paulo Butti de Lima.
298. *O Teatro É Necessário?*, Denis Guénoun.
299. *Ética e Cultura*, Danilo Santos de Miranda (org.).
300. *Eu não Disse?*, Mauro Chaves.
301. *O Teatro do Corpo Manifesto: Teatro Físico*, Lúcia Romano.
302. *A Cidade Imaginária*, Luiz Nazario (org.).
303. *O Melodrama*, J. M. Thomasseau.
304. *O Estado Persa*, David Asheri.
305. *Óperas e Outros Cantares*, Sergio Casoy.
306. *Primeira Lição de Urbanismo*, Bernardo Secchi.
307. *Conversas com Gaudí*, Cesar Martinell Brunet.
308. *O Racismo, uma Introdução*, Michel Wieviorka.
309. *Emmanuel Lévinas: Ensaios e Entrevistas*, François Poirié.
310. *Marcel Proust: Realidade e Criação*, Vera de Azambuja Harvey.
311. *A (Des)Construção do Caos*, Sergio Kon e Fábio Duarte (orgs.).
312. *Teatro com Meninos e Meninas de Rua*, Marcia Pompeo Toledo.
313. *O Poeta e a Consciência Crítica*, Affonso Ávila.
314. *O Pós-dramático: Um Conceito Operativo?*, J. Guinsburg e Sílvia Fernandes (orgs.).
315. *Maneirismo na Literatura*, Gustav R. Hocke.
316. *A Cidade do Primeiro Renascimento*, Donatella Calabi.
317. *Falando de Idade Média*, Paul Zumthor.
318. *A Cidade do Século Vinte*, Bernardo Secchi.
319. *A Cidade do Século XIX*, Guido Zucconi.
321. *Tradução, Ato Desmedido*, Boris Schnaiderman.

Impresso nas oficinas da
Orgrafic Gráfica e Editora
em janeiro de 2011